旅伴文库·散文精品城际阅读

聂震宁 / 总主编

王剑冰 / 主编

冬天我到南方

顾建平——著

漓江出版社
·桂林·

图书在版编目 (CIP) 数据

冬天我到南方 / 顾建平著 . -- 桂林：漓江出版社，2021.10

ISBN 978-7-5407-9009-7

Ⅰ . ①冬… Ⅱ . ①顾… Ⅲ . ①散文集 - 中国 - 当代 Ⅳ . ① I267

中国版本图书馆 CIP 数据核字（2021）第 008401 号

DONGTIAN WO DAO NANFANG

冬天我到南方

顾建平　著

出版人：刘迪才

丛书策划：张谦

责任编辑：辛丽芳

书籍设计：石绍康

责任监印：张璐

出版发行：漓江出版社有限公司

社址：广西桂林市南环路 22 号　邮编：541002

发行电话：010-65699511　0773-2583322

传真：010-85891290　0773-2582200

邮购热线：0773-2582200

电子信箱：ljcbs@163.com

微信公众号：lijiangpress

印制：三河市中晟雅豪印务有限公司

［河北省三河市泃阳镇错桥村　邮编：065299］

开本：880 mm × 1230 mm　1/32

印张：8.375　字数：100 千字　插页：16

版次：2021 年 10 月第 1 版　印次：2021 年 10 月第 1 次印刷

书号：ISBN 978-7-5407-9009-7

定价：38.00 元

目 录

Contents

总 序

聂震宁

“旅伴文库”乃应时而生的出版项目。当今之世，既是提倡全民阅读之时，又是全民旅行已成热潮之际，正应了古人“读万卷书，行万里路”的人生信条。究其实，现代交通工具大大方便了百姓的出行，旅行几乎成了普通民众的一种生活常态，“行万里路”已成简单的事情；而全民阅读则还在国家、社会的提倡中，普通人真正要“读万卷书”，似乎还比较困难。然而，唯其难，故而需要多方设法推动，长期用心提倡。漓江出版社策划设计这一文库，既顺应了现代人出行的需要，更是为全民阅读助力，颇具趁旅行热潮助推全民阅读，借全民阅读提升旅行质量的匠心。

相比较已经形成热潮的旅行，全民阅读似乎还不够热。尽管国家为倡导全民阅读加大力度，各级政府为开展全民阅读提供政策支持，每年“世界读书日”各地开展活动有声有色，“书香中国”活动在全国范围风生水起，家庭阅读、校园阅读、社区阅读、机关阅读渐次开展，有识之士一直在呼吁让阅读成为一种生活方式，然而，平心而论，许多主要是在外力推动下开展起来的阅读，距离“让阅读成为一种生活方式”愿望的实现，还有长路要走。

如何才能让这一愿望成为现实呢？我们以为，让阅读与日常生活相伴或许是努力的主要途径。全民旅行热潮形成，旅行已经成为普通百姓的一种生活方式，提倡在旅途中阅读也就是比较自然的事情。国际上曾有过“中国人不爱读书”的负面评价，评价者所举证的，正是旅行途中许多发达国家人士在读书，而许多中国人并不读书，颇使得极具荣誉感和自尊心的许多国人心中不爽。

其实，要改变这一国际负面印象并不困难，最直接的办法就是让更多国人在旅行途中读起书来。当然，在旅行途中读书并非为了做样子给国际人士观赏，挣回一点面子，而是全民阅读之树必然开出的日常生活之花。“旅伴文库”正是为了催生这美丽的花朵而做出的努力。“旅伴文库”的出版宗旨“人生漫旅，好书伴你”，就是出版人真诚而温馨的承诺。

事实上，开展在旅行途中的阅读，对于提高我国旅游事业的质量也是大有裨益的。对于国人的旅行，一直都有某些负面的评价，认为其盲目、简单、粗糙，缺少文化内涵和审美情趣，还有就是不读书。这些负面评价已经成为国民素质不高的重要证据。知书达理或知书达礼，不爱读书的民族谈何文化内涵和审美情趣！于是，近些年来，就有许多关于改善旅行生活、提高旅行质量的意见提出，其中有一条意见颇具感染力，那就是“带一本书去旅行”。

“带一本书去旅行”，其直接的用意是让人们在旅行途中闲暇时刻不至于无所事事。古人主张“第一等好事还是读书”，那么，人在无所事事时，第一等好事更应当是读书了。人在旅途中，休闲时也要保持着优雅的生活姿态，而阅读正是一个人最优雅的生活姿态。旅行是一个发现美、欣赏美的过程。“带一本书去旅行”，既可以读书明理，也可以直接帮助我们丰富旅行知识，探寻美的存在，增加旅行的深度和厚度。旅行即意味着暂时摆脱日常世俗生活的纷扰，暂时忘却生活中某些庸俗无聊的烦恼，所谓“偷得浮生半日闲”，让身心得到休养，那么，“带一本书去旅行”，可以借一本好书帮助我们超凡脱俗，让一本好书高雅的气质陪伴我们的灵魂，让一次次旅行成为与一本本好书相伴随的精神之旅。

应时而生的“旅伴文库”，其用意就是倡导“带一本书去旅行”，让精品图书成为旅行者的精神伴侣。在全民旅行热潮扑面而来的同时，也要让全民阅读热潮相伴而去，让“读万卷书，行万里路”的理想成为现实。

为了旅途阅读而设计的“旅伴文库”，自然要更多顾及旅行阅读的特点。旅行阅读当然是各有所好，可专门为旅行者出版的图书，则要更多体现旅行者阅读的便捷、休闲、审美、精粹等需求的特点。“旅伴文库”的各个子系列设计得很具匠心。其中，“散文精品城际阅读”系列，一辑只选七位作家，颇有“七剑下天山”的气概；每人每本不过十来万字，极大突出了精选的精神，再配上雅致便携小开本软精装，精编精印，想必能吸引读者眼球而令人求得一睹为快。“漓江的书，买了再说”，是20多年前本人在漓江出版社社长任上为该社拟定的广告语，出版人的自信自许，竟然在这个系列的设计中重新得以体会。

“旅伴文库·散文精品城际阅读”第一辑已经面世。入选的七人七种散文集，有刘亮程的《半路上的库车》、朱秀海的《一个人的车站》、王剑冰的《水墨周庄》、徐则臣的《去额尔古纳的几种方式》、陈彤的《玻璃栈道》、阿德的《北行记》和董谦的《种稻记》等。入选的每一位作家都以实力呈现，努力奉献自己卓具新意的作品集。

在邀约散文名家加盟过程中，编选者主张作品质量优先，新人新作质量必须上乘，而名作家则必须以力作加盟。第一辑的七人七书，完全可以称得上是精选精编而成，阵容齐整，一经面世，便引得许多读者兴趣满满，更使得出版社信心满满。于是，时隔不久，又有了第二辑的编选出版。

该系列第二辑的七人七书，出版社一如既往地精选精编。入选者有彭程、乔叶、陆春祥、顾建平、谷禾、陈世旭和王可越，阵容不凡，与第一辑水准相当。主张“真实是散文最基本的遵循”的彭程，他的《头脑中的旅行》一书收入了《自由在呼唤——从陶渊明到袁中郎》《漂泊的屋顶》《在母语的屋檐下》等9篇颇具思辨深度、文笔精准的佳作。被论者赞誉为“清新、隽永，如同她的人……让爱和温暖静静地流淌”的乔叶，她的《一杯白茶》一书收入了《卖麻辣串的女人》《薄荷一样美好的事》《跳面之跳》等25篇清新隽永的佳作。被论者指为“透着十足的智慧和无限趣味”的陆春祥，他的《霓裳的种子》一书收入了《〈霓裳〉的种子》《杂草的故事》《泥土去哪儿了？》等11篇既慎思明辨又智慧幽默的佳作。我的北大校友顾建平，他认为“散文是一种自由而真诚的文体”，其《冬天我到南方》一书收入了《冬天我到南方》《惠州秀才苏东坡》《几人曾见水流西？》等16篇自由而真诚的佳作。早些年被朋友指为“即便生活在北京，他选择的是生机盎然的通州”的谷禾，既是诗人也是散文家，他的《黑棉花，白棉花》一书收入了《一个人的河流》《等待戈多，等待贝克特》等32篇颇具乡土气息和文化意味的佳作。成名于20世纪80年代的著名作家陈世旭，他那部获得全国优秀短篇小说奖的杰作《小镇上的将军》让我们至今难以忘怀，他一直主张“讲普通人生活的故事”，他的《俗可以，别太俗》一书收入了《不与狗争道》《坏人的面相》《最好的风水》等43篇看似普通却一点也不普通的佳作。大学教授王可越博士，一位设计思维创新的资深导师，散文随笔不过是他思维创新中的灵感闪现，他的《万物与我》一书收入了200多个超短篇作品，内容涉及经验、对话、回忆、观看、幻想、梦境、道听途说，有诗有文，亦可当寓言、小小说来读，尤其适合旅行者在旅途中阅读，多得解颐之娱。

“旅伴文库·散文精品城际阅读”两辑共14种书出版，渐成大的格局和不凡气象，相信这不仅会成为散文界、出版界各位同好的共识，也会成为众多文学读者的真切感受。更重要的是，众多旅行者决心“带一本书去旅行”时，有这些可爱而精致、精美的口袋书可供选择，可以从中找到温情相伴的旅途伴侣，成为一次快乐旅行的美好开始，自然是一件令人愉悦的事情了。

2017年9月第一稿

2020年6月第二稿

聂震宁，第十、十一、十二届全国政协委员，中国作协全国委员会名誉委员，中国韬奋基金会理事长，中国出版协会副理事长，“旅伴文库”总主编。

冬天我到南方

心上家山

我的母校后塍中学的老师孙海航先生新近出版了一本散文集《话说“沙上”》，内容多涉及我的故乡——现今江苏省张家港市北部地区，即书名所示的“沙上”地区——的人情、物理、风景、掌故，读赏之余，引动了我的莼鲈之思。

我旅居北京已经二十七年，成为北京城的市民也已经二十年，在此辗转赁居，定居，娶妻生子，完成了人生的大部分要务，但是身份意识、行为做派没有丝毫北京特色，语言南腔北调，时常被出租车司机当作来京做生意的江浙小老板。我并不在意自己是否北京的主人翁，恬然自适于在北京做客的感觉。生活在北京的好处是，你可以在这个地方居住多年不必理睬本地的民风民俗，不必对本地的传统文化发生审美感应，而一样从容不迫悠游自在，你可以在此终身做客却没有拘束感，更没有人下逐客令。

T.S. 艾略特《荒原》里的这几句诗仿佛是专门为我而写：

冬天使我们温暖，大地
给助人遗忘的雪覆盖着，又叫
枯干的球根提供少许生命。
……在山上，那里你觉得自由。
大半个晚上我看书，冬天我到南方。

（赵萝蕤译）

我像候鸟一样，习惯到南方过冬。苏南不是候鸟的温暖目的地，冬天的江南空气湿度大，阴冷潮湿。我的户口迁出家乡已二十余年，这是整整一代人的时间，我读大学那年出生的孩子可能大部分已经婚嫁。所以我的父母兄姐弟弟把冬天回家的我当作客人一样看待，似乎顺理成章。在我以回家的名义回到的故乡，我被当作客人；在我生活最久、“成家”的地方，自我感觉是个客人。

“在家做客”，是怎样一种奇怪的身份意识啊！

故乡也许只能这样定义：你曾经停留，而后来不得不离开的地方。故乡也许只是纸上的、心上的，那个地理上的、标注着坐标经纬、存在山河树石花鸟的故乡，最终将渐渐幻化成为概念，成为回忆。

近二十年来，老家的父母官改造自然的超常能力，使我记忆中的具象的故乡已完全消失，面对一排排拥挤的房子，找不到一点儿新旧对应的物证。

孙老师的《话说“沙上”》书前附了一些老照片，对之我真有恍若隔世之感：那些平房，那些屋前屋后的小河，还有石桥、树林、竹园……现在在哪儿呢？

当年初入大学，全班同学第一次共同游赏北京城，选择了紫竹院公园。进得园来，我不禁哑然失笑：这样的风景，苏南在在皆是，怎么在北京就成了著名的公园了！1999年，参加文学研讨会的我第一次到达离老家不远的周庄，同行们对周庄的小桥流水白墙黑瓦赞不绝口，我心想：数十年前我的故乡也是这样，只是周庄舍不得去旧立新，所以阴差阳错成了世界文化遗产。这样的心思不便说出口，免得让同行者以为我是自夸祖上比赵家还富的阿Q。

青年时代我尽量避免怀旧，轻易不言感伤，也曾有心做一个漂泊天涯的浪子，“挥霍我自己的青春/然后放弃爱情的王位/去做铁石心肠的船长”（海子《眺望北方》）。青春的尾巴现在渐渐脱手而去，虽不是柔情似水却也未能修炼到铁石心肠，吾不能学太上之忘情。有位极端人士说：没有被记忆的生活，等于不曾生活。乡梦不曾断，只是曾经的故乡、记忆中的故乡，已经从地理上彻底移到了纸上、心上。

沙上的江南

山北水南谓之阴，我出生在江苏省沙洲县，沙洲县 1962 年由江阴县、常熟县各一部分合并而成，我家位于江阴那一部分，因此以祖籍论我是江阴人，也是出生在长江以南的地地道道的江南人。早年逢到填表格，依照出生地填写，我父亲填的籍贯是江阴县，我则需要填沙洲县。内心我还是想填江阴县。明末大旅行家徐霞客，现代文化史上刘氏三兄弟刘半农、刘天华、刘北茂兄弟，藏书楼，江阴要塞……这些都是尽人皆知的江阴文化符号。百万雄师过大江，“西起九江，东至江阴”，天下无人不知无人不晓，何等气概！

身不由己做了江南人，似乎对自己的这一重身份毋庸置疑。但是到了听得懂大人说话的年纪，我就知道长江以南的沙洲县有两种人：江南人，沙上人。两方民众语言存在差异，风俗也不一样。江南人似乎门第要高贵一些，哥哥姐姐学江南人说话，听起来蛮洋气。地理上的分界线我不清楚，恐怕还是以语言和风俗来分界的。我的大姑母嫁到了泗港，那里似乎就是江南，或者接近江南。从小听表哥表姐操着洋腔洋调的江南话，小鬼心里不免既羡且妒。

沙洲县面积只有 999 平方公里，居然就有明显的文化分野；伟大祖国 960 万平方公里，文化该是多么丰富复杂！

身居江南而不是“江南人”，这是何等莫名其妙而令人恼火的事！但是有火气还无处发泄，因为这是约定俗成的，祖辈、父母、亲友都这么说。

即使在“文化大革命”、林彪和“四人帮”时期，凡是读过两年书的人都知道江南是个美好的词。“江南好，风景旧曾谙。日出江花红胜火，春来江水绿如蓝。能不忆江南！”可惜我只是居住在沙上的江南。

读高中到了后塍中学，当地似乎是江南、沙上的交汇处，学生来自沙洲各地，江南人、沙上人旗鼓相当。西窗共读，同学情深，感觉不出同学之间的“种族歧视”，但大体说来，“江南”的学生家庭要富足些。那时民风淳朴，同学之间不会炫财斗富，学业不佳、品行不端而骄矜于父祖辈财势的学生，三年之中未曾一遇。后来听得孙海航老师说，江南、沙上民众界线分明，如同东晋的寒族、士族，例不通婚。初闻之下，暗自庆幸：好在中学没有恋爱，否则遭到暗恋多时的某位江南佳丽的冷面拒绝，含羞忍辱痛心疾首之余还不明白是“种族差别”在作怪。要知道，那时候所有的恋爱都是指向婚姻的啊！

20世纪70年代初，后塍中学有一次可以光耀校史的外交活动：成名于中国台湾、定居于美国的著名校友刘宜良先生回国探亲，特地到母校拜访。余生也晚，没有躬逢其盛，据当时在后塍中学校办工厂工作的父执张永清老伯形容，是连厕所都喷了香水的，足见地方政府和校方的重视。刘宜良先生1984年在美国饮弹毙命，传说是因为撰写了刺痛蒋氏家族的《蒋经国传》而招祸。刘宜良先生有一个名震中外的笔名——江南，想来关注中美关系、台海局势的人士至今都没有忘却。念其名如见其人，不难推想，刘先生奔命于台湾、偏安于美洲的岁月，魂牵梦萦的一定是江南的故土、故人，还有江阴县崇真中学，即今日的后塍中学。

“江南”之美好，可以入古人诗词，可以入游子梦乡，可以为史传署名。但在我的青葱岁月，这个美好的词我用得并不从容坦荡。

寂寞沙洲冷

不同于江南，我对“沙洲”二字长期产生不了美好的联想，小时候练习钢笔书法，“沙洲”二字的草书怎么写都感觉别扭，更使我对“沙洲”平添隔膜。革命圣地井冈山有一个沙洲坝，毛主席在沙洲坝上挖了一口井，成了后来的红色革命教育基地。“幸福不忘毛主席，饮水不忘挖井人。”这句话当年小学生像念经一样挂在嘴上，然而我对“沙洲”依旧喜欢不起来。

大概是1986年吧，事情有了变化，我在北京，同乡同学告诉我沙洲县更名成为张家港市。我内心居然没有产生由县民一跃变为市民的喜悦，反倒有一丝惆怅。细细体察，我省悟到，我是对“沙洲”一词有些惜别念旧。地名是字面上的故乡，不是单纯的一个名词，行之久远，地名就有了生命。就文化信息量而言，江阴以其悠久的历史、群星璀璨的文化人物而闻名于世，沙洲与之不可比量。但就地域指代的精确性而言，沙洲不逊于江阴。从沙洲县到张家港市，地名中的文化含量丧失殆尽。

1998年，我的户口由北京市西城区德外派出所的集体户口，迁到我的住宅所在的海淀区东升派出所，填写出生地一栏，户籍系统的电脑中居然没有“沙洲县”，那一刻，我真有物是人非之感。

我对沙洲渐生的爱意还在苏东坡词句中得到强有力的精神支持，“拣尽寒枝不肯栖，寂寞沙洲冷”，意境多么幽渺、深远。2003年以后，我将自己的QQ名字确定为“沙洲冷”，朋友们问起来由，我都要做上述如此这般的解释，还不忘补充一句：沙洲虽冷，一点也不寂寞；沙洲冷是个念旧的人，感伤的人，一个热心人。

在文化上，我是不可救药的保守主义者。此为一例。

据史料记载，唐朝高僧鉴真东渡日本，其出发地在今天张家港市的鹿苑镇，如今张家港市冠名于香烟、白酒、服装上的“东渡”之名即由此而来。由此推想，至少在一千三百年前，今天张家港市的大部分土地还淹没在万里长江入海口的滚滚波涛之中，等待岁月的沉淀，淤积成如今天上海市的崇明岛或者张家港市的双山岛一样的泥沙岛屿，然后与大陆连接。命之曰沙洲，真是名副其实。据说沙洲县最初得名，是因为新四军建立了中国共产党沙洲支部；见微知著，窥一斑可知全豹，新四军不愧为一支文明之师。

吾道不孤，幸亏还有孙老师这样的有心人，以“沙上”为题替旧日江南立此存照，我身为其中的一分子，倍感亲切。对于早已跨过小康门槛的张家港人，这是尘封已久接近遗忘的话题。文化不只有物质形态，丰裕财富并不就意味着高度文明。历史可以改写，文化只能因承续而建设，就像淹没的沙洲，即使在水底，也是不可忽视的存在。

能不忆香山

故乡最有名的山，与北京最有名的山名字相同，都叫香山。

我对香山最早的记忆，是老宅西南方向夏天太阳落山的地方，那一块黑色的剪影。剪影一年四季都在远方与我对望着，让我好奇，就像罗大佑《童年》唱的，“为什么太阳总下到山的那一边？”止不住想过去看看它的真面目。

我外婆家在中兴乡大德村，九思街旁边，小时候去外婆家都是随着父母步行过去的，要向着香山方向走十几里路。离外婆家越近，那一抹黑影就越大。天气晴朗的日子，站在外婆家的院子里，能看清香山上细如发丝的小路。

第一次登上香山，在初中二年级。新德初中组织学生春游，队伍浩浩荡荡开过去开回来，将近一天，因此还带了开水和干粮。站在香山顶上，看阡陌纵横，人细如蚁，远眺长江，苍苍茫茫，大有孔子登泰山而小天下之襟怀。教导主任田舜华老师和班主任孙桂林老师，要我指挥同学们合唱《歌唱祖国》，我这个上不了台面的人，推三阻四之后勉强挥舞了两下便作罢。但是登香山顶而歌唱祖国，确实是由衷的情不自禁的抒情方式。这次春游大家都很兴奋，有一位同学后来在作文里写道："香山啊香山，美丽的香山，请相信我一定会卷土重来。"香山仍在，美丽依旧，不知道这位同学后来有没有真的"卷土重来"。

多年后我方才得知，香山海拔一百五十米左右，仿佛泰山脚下的一个小石丘，但是在沙洲、江阴境内，一马平川之中，香山无疑是万众瞩目、傲视群雄的最高峰。

第二次去香山，在后塍中学读高中期间，和同乡同学、发小张亚华一起走过去的。两个正值青春初期、自负自恋的少年，下山之前意犹未尽，用削笔刀在一块石头上刻下了“到此一游”四个字。猛回首，这已经是将近三十年前的往事了，香山上的那几个字，大概早已经被雨打风吹去了吧。

二十余年来，我四海为家，见识了无数名山大川，但香山一直是魂牵梦萦的最深刻记忆。二十余年里，沙洲县消失了，中兴乡、九思街、新德初中消失了，但香山还在。想来它也依然会是故乡一代代少年第一次踏青春游之最佳去处吧。

江河可以人工开挖，石山却非堆积而成，它是亿万年前的火山爆发在地表的遗存，哪怕只是一个小山头，也是世间沧桑的见证。江阴、无锡、常熟三县交界处，有一座以吾家姓氏为名的小山，顾山。多年前，我与诗人庞培行经此山，诗人叹曰：“因为三县皆不管，有人炸山取石作为建筑材料，此山将夷为平地。”传说当年昭明太子代父出家隐居并编订

《昭明文选》就在顾山上，现今放眼望去已疮痍满目。听着顾山开山取石的爆炸声，我心中有无法形容的郁闷甚至愤怒。

从堪舆学上说，山水皆有灵气，开山取石无疑切断了当地的龙脉。一方水土养育一方人物。浙江有山有水，苏南有水少山，苏南人的性格中正缺少浙江人的刚毅坚韧。我希望香山能避免顾山的厄运，为张家港这片由沙洲淤积而成的土地保留一个历史见证者，保留一条钟灵毓秀的龙脉。

2011 年 7 月

临海凭风

一

去年阳历三月底，乍暖还寒的时节，我第一次到浙江台州临海。

临海是我到过的最风雅的中国小城之一。我不想引经据典证明这座小城深厚的历史沉积，也不想推介这里的湖山碑石、亭台楼阁，这些都能在导游手册中找到。还是说说我在这里认识的风雅的新朋友吧。

临海的旧体诗词作者之多、作品之高妙，是我以往未曾见识过的。传统就是历史在现实中的遗存，与临海相关联的大诗人，首先要数“初唐四杰”之一骆宾王。骆宾王的最后一任官职是临海丞，骆宾王的诗文集，在明代以后便称为“骆临海集”。

去临海之前，我在网上搜索关于临海的资料，无意中进入某个人的博客，博客名“了而未了半书生”。我本意只是想看看其中有没有关于临海的信息，并没有窥视欲，但是博文吸引我一页一页翻下去。我由此知道，博主研习书法、篆刻，有师承且功力不凡，写旧体诗，写散文，生胃病，他有一个书画、文学朋友群……一个生动的文人形象跃然屏上。最后我还了解到博主名叫陈引奭，他居住在临海市区。午夜浏览完毕，感慨良多。比照博主和他的朋友们的风雅生活，我这个在京城万丈红尘中碌碌奔走的文学工作者，生活得忙乱匆促，功利伧俗。

到临海的当天晚上，在东道主的酒席上，当有人介绍临海文联秘书长陈引奭时，我惊呼有缘。我对这位年轻诗人的了解让他惊讶。我再次用“风雅”和“伧俗”这样强烈对比的词语，表达我对临海文化人的敬意。

在临海市诗联学会的会刊创刊号上，我读到了陈引奭的诗作《咏羊岩勾青》：

羊肠出半山，岩壑尚斑斓。
勾剪裁云锦，青春共白鹇。
四方思陆圣，海隅见娥鬟。
闻道瑶台上，茗香动九寰。

“羊岩勾青，四海闻名。”这还是一首巧妙的藏头诗，令人击节赞叹。

台州市文联的金岳清兄，赠我一方印石，我请引奭兄为我刻上四个阳文篆书：百花深处。百花深处是北京西城一条胡同的名字。老北京的胡同名大多是很写实很俗气的，唯独这“百花深处”诗意得让人不可思议。我曾经有一个出版策划案，以“百花深处”命名一套纯文学丛书。世易时移，改了行当，旧念消泯，但是“百花深处”四个字我还是依依不舍。今后练习书画，钤上此印，或许能沾上临海的一点风雅气韵。

二

东晋南宋中华帝国的朝廷两次偏安江南，知识分子与王公贵族一同南渡，使得宋代以后的江南成为中国经济、文化最为发达的地区。南宋理宗的皇后谢道清，也就是后来历史上著名的谢太后，史载即是临海县（今临海市）城东下渡人。

东晋王羲之在会稽与众友人曲水流觞挥毫赋诗，留下千古绝品《兰亭集序》。王羲之们的雅兴，跨越千年时空，让我们在临海找到了遗韵。

我平常不大看当代人的旧体诗。现代文学兴盛以后，旧体诗和文言文一样成了旧文学的余孽，新文学的挡路石，见不得天日。但是现代文人还是喜欢用这种文体抒情表意。现当代的诗词作者之中，我私心爱好奇崛深沉的鲁迅、陈寅恪，风流俊雅的郁达夫，与古为新的聂绀弩、杨宪益等。现在新文学一统江山，没有了文学革命的警戒线，一些领导、书画艺术家、退休的老同志喜做旧体诗词，形成了不小的圈子，也有刊物出版。只是大多数作品过于随意，平仄不合，对仗不工，风雅难免缺失。

我算是大学中文系科班出身，当年我们系里的语言学大师王力先生的《汉语诗律学》我也曾翻阅过。古代汉语老师教的平平仄仄平平仄，我饶有兴趣地学习，尤其入声字，用我的乡音能很容易地读出来。即使这样，我也是知难而退，没有依照古韵作过一首完整的诗。偶尔有朋友发来律绝，我也只是压个韵脚唱和一下。杨宪益先生的自谦："学成半瓶醋，诗打一缸油。"我恰好可以借来自嘲。

在《临海诗联》上，我看到了临海朋友对旧体诗的专精和热爱。

《羊岩采风》那一辑，众人拈阄分韵而作，陈引奭分得上平十五删，以此韵作诗三首，上文所引即是其中之一，又分得下平九青，作诗三首。

李含江是临海市的市长助理，公务之余，雅好吟诵，不像其他地方的领导是业余水准的玩票，老李堪称声律比兴的行家里手。羊岩诗会，老李分得上平三江赋诗二首，又步朽朱灰韵赋诗一首：

欲见山坡绿，奈何浓雾堆。
杜鹃岚气染，松蕊野风煨。
纤指弄青玉，仙姑出土胎。
清明连谷雨，天下喜新醅。

位于临海古城东侧的东湖，山水树石、亭台楼阁各擅胜景，是小城的景色精华，有小西湖之美誉。

东湖是北宋端拱二年（989 年）人工开凿而成，千余年来经历代疏浚、培植、构建，意蕴逐渐丰富，清代学者、浙人俞樾（俞曲园）在其《春在堂随笔》中赞道：“杭州有西湖，台州有东湖。东湖之胜，小西湖也。”

我与李含江、陈引奭、金岳清三位薄暮环游东湖，仿佛置身于“暖风熏得游人醉”的杭州城里，西子湖边。在酒吧小坐，说起前不久曝光的广西某烟草局长的日记，大家笑问含江老哥作为市府官员有没有这样的腐败日记，他绕弯子说起家庭生活的重要，每周要陪夫人散步购物。正说着，夫人来了问询电话，于是众人大笑，聚会散席。

在这滚滚红尘中，吟诗填词，需要旷古的心胸，悠远的情怀。

三

中国古代习惯以故里或者郡望称呼显达之士或硕儒文豪，比如韩愈出生于河南河阳（今河南孟州），祖籍郡望昌黎郡（今辽宁义县），自称昌黎韩愈，故当世及后人称韩愈为韩昌黎。现代大学者陈寅恪自述“平生为不今不古之学，思想囿于咸丰同治之世，议论近乎湘乡南皮之间”，湘乡、南皮是指出生于湖南湘乡的曾国藩、出生于河北南皮的张之洞。袁世凯是河南项城人，故人称“袁项城”。

“初唐四杰”之一的骆宾王，是婺州义乌（今浙江义乌）人，却被当时及后人称为骆临海。骆宾王只是在临海做过一任小官临海丞，郡县之名却成了他著称于世、流芳千古的别名。

与台州临海关系密切的历史人物，窃以为，武有戚继光，文有骆宾王。

童蒙课本里就有“鹅、鹅、鹅，曲项向天歌”，三岁稚子都知道骆宾王的名字。东湖内专门建有纪念骆宾王的骆临海祠，足见临海人的敬重与自豪。

骆宾王与临海的不解之缘，不仅仅因他担任过官职卑微的临海丞，更主要的，是清代学者陈熙晋整理笺注的《骆临海集》闻名于世。

清代学者陈熙晋是浙江义乌人，以优贡入仕，在贵州做官多年，转任湖北，清廉勤政，口碑甚佳。陈熙晋是江浙有名的藏书家、经史学家，学识渊博，著述宏富，精研古籍，订疑纠谬。他也是研究骆宾王的著名学者。

由于骆宾王反抗武曌失败，诗文散佚，所以历代所辑诗文集作品多寡不一，错收漏收的也不少。陈熙晋穷一生精力，搜集大量资料，各种版本，补录考证，又旁征博引，对诗文做了详尽的笺释。他的《骆临海集笺注》成为骆宾王文集的传世佳本，为后人研究骆宾王提供了宝贵的第一手资料。其引采之宏博，诠注之精审，咸同以来一直为世人所称道。骆宾王文集不仅由此恢复完整的面目，而且通过陈熙晋的笺释，使每一篇诗文都和当时的史实以及作者的生平结合起来，贯穿着一条完整的线索。我手头的上海古籍出版社“中国古典文学基本丛书”之一，就是《骆临海集笺注》，1961 年 10 月中华书局上海编辑所初版，此为校订再版。

陈熙晋与骆宾王同为义乌人，陈熙晋为乡贤编校注释文集，是人之常情，也是文学史上的惯例。但跟骆宾王名字连在一起的郡县，不是义乌，而是临海。

所谓“初唐四杰”是指活跃于初唐诗坛的四个诗人，在杜诗中“王杨卢骆”并称，即王勃、杨炯，卢照邻、骆宾王。

郗云卿是中宗复位后奉诏搜访骆宾王诗文的朝廷官员，他与骆宾王同时代，但比骆宾王稍晚。郗云卿在《骆宾王文集序》中说：“骆宾王……高宗朝与卢照邻、杨炯、王勃文词齐名，海内称焉，号为‘四杰’，亦云‘卢骆杨王四才子’。”

晚于骆宾王四十年的张鷟所著《朝野佥载》卷六记载：

> 卢照邻字升之，范阳人。弱冠拜邓王府典签，王府书记一以委之。王有书十二车，照邻总披览，略能记忆。后为益州新都县尉，秩满，婆娑于蜀中，放旷诗酒，故世称“王杨卢骆”。照邻闻之曰：“喜居王后，耻在骆前。”时杨之为文，好以古人姓名连用，如张平子之略谈，陆士衡之所记，潘安仁宜其陋矣，仲长统何足知之。号为“点鬼簿”。骆宾王文好以数对，如“秦地重关一百二，汉家离宫三十六”。时人号为“算博士”。如卢生之文，时人莫能评其得失矣。惜哉，不幸有冉耕之疾，著《幽忧子》以释

愤焉。文集二十卷。

“四杰”的排名顺序可见是很讲究的，有人说王、杨、卢、骆可能是那时的流行序列，是着眼于名望与成就所致，我认为这样排序也可能是为了读起来音韵上的顿挫协调。到了盛唐、中唐以后，先后排序就这样沿袭下去了。杜甫的《戏为六绝句》之二就说：

王杨卢骆当时体，轻薄为文哂未休。
尔曹身与名俱灭，不废江河万古流。

虽然大诗人杜甫这样盛赞，但是骆宾王却是历史上曾受贬抑和轻视的一个人物。原因大概有二：一是在唐高宗时代他曾系狱，传言因为犯法；二是反武则天兵败，不知所终，成王败寇，他也不能例外。骆宾王的平生事迹和文学成就，到了明清才得到应有的承认。《旧唐书》骆宾王传仅百余字;《新唐书》骆宾王传不足二百字;元代《唐才子传》骆宾王传三百五十字;明代胡应麟《补〈唐书〉骆侍御传》,将近两千字;清代陈熙晋再续补,长达四千余字。骆临海之地位渐渐尊荣崇高,由此可见一斑。

临海东湖是我所见到的复古仿古最为逼真的风景名胜,各种景物还在其次,匾额、对联的书法和词句各对其象,恰如其分,既能点题,又悠远超拔,尽显千年古城临海的人文风采。

骆宾王的铜像高高伫立在骆临海祠的大殿正中,铜像上方悬挂着浙江著名书法家朱关田题写的"亘古一檄"匾额,匾下是著名书法家卢乐群书写的《讨武曌檄》全文。确实,骆宾王一生诗文,除了后代童蒙口中的《咏鹅》,他身陷囹圄时的《在狱咏蝉》,当数这篇《讨武曌檄》,惊世骇俗,允称千古绝唱。

骆临海祠门口,当代学者霍松林先生有联云:"山月常明,应知诗杰丞临海;湖波乍涌,恍见文澜动则天。”上联写到宦游曾到临海，下联写到文章撼动武则天，字里行间挺立着祠堂的主人——写《讨武曌檄》的骆宾王。

四

台州作协主席金岳清是我最早接触的临海文人。他小个子，穿对襟中装，温和稳重，文友们称他小金，我称老金。老金写散文，写小说，成就斐然。但是金岳清的书法，声名更加卓著，在台州乃至浙江迥出同侪，一纸难求。我没读过老金的旧体诗，猜想他耳濡目染也工于平仄。

离开临海的前夜，岳清兄赠我一纸墨宝，抄录的是顾况《临海所居三首》之三：

家在双峰兰若边，一声秋磬发孤烟。

山连极浦鸟飞尽，月上青林人未眠。

按照钱锺书先生的归类，我的唐代本家诗人顾况（字逋翁）在众星璀璨的李唐一朝可以说是“小的大诗人”，或者“大的小诗人”。逋翁先生是苏州海盐恒山人（今在浙江海宁境内），谊属同乡，与我的祖上有否血缘关联，已无谱系可查考。顾况广为人知的，还是他和诗人白居易之间的一个故事。白居易十六岁时，拿着自己的诗作去京城长安（今西安）应试。考前，白居易将自己写好的《赋得古原草送别》诗，呈递给顾况看。顾况看了诗歌作者署名后，笑道：“长安百物贵，白居大不易！”然而当他读到诗中“野火烧不尽，春风吹又生”这句，又惊又喜，道：“有句如此，居天下何难！老夫前言戏之耳！”在顾况的赏识下，白居易中进士，从此名扬天下。此事亦传为美谈。

乾元年间，顾况曾任职新亭监。新亭盐监设于临海，是唐时台州盐远销处州、婺州、衢州等地的集散地，且是当时江南十大盐监之一。顾况的存世诗作中有多首写到在临海的生活。

俊逸的书法，尺幅之间把我和临海的缘分凝聚在其中，老金的盛情雅意令我感动。

五

去到临海之前，我与临海最亲密的接触，是因为羊岩勾青。

四五年前的初夏，我出差到杭州，老友方腾高兄来看我，赠我一盒茶，名曰羊岩勾青。

腾高与我同岁，在北大读书时低两级，不同系，谊属前后同学。20 世纪 80 年代最后两年，我们共同参与北京大学校刊学术理论副刊的采编工作，一起访谈了很多卓有影响力的文化人物，当时谈论的话题，至今看来极其富有前瞻性。毕业后我去杂志社当编辑，腾高兄到了浙江省人大。我那次到杭州，他刚挂职到杭州高新区做副区长。腾高兄学法律，少年老成，我们性格不同，但他是我联系最多最感亲密的大学同学。

腾高赠茶时说，羊岩勾青名声不大，但是茶品甚好，产量少，价昂于龙井。回京后我与众位茶友共赏羊岩勾青，友人赞不绝口，足证腾高所言不虚。

没想到数年以后的初春时节，我来到了临海，来到羊岩山上。被中国国际茶文化研究会名誉会长王家扬赞誉为“江南第一勾青茶”的羊岩勾青，就产自这座海拔不到千米的羊岩山的几面缓坡上。山风微凉，坐着电动车巡游整个茶山，有些寒冷。一方山水养一方茶，中国大地上的绿茶千余种，也许隔一个山头，茶叶就迥异其味。

茶场主人将隔夜采摘的头遍春茶赠与我们，这真是一份厚重的馈赠。

冲泡羊岩勾青，我特意选用透明玻璃杯，看那绿芽在水中载沉载浮，仿佛把临海的春色留在了杯中。

六

春日到临海，三日见闻，是对我的乡愁的莫大安慰。

我的地理上的故乡还存在，但是经过大刀阔斧的拆迁重建，文化和美学上的故乡，已经消失无踪了。

如果出生的地方没有记忆的参照物，只有亲人存在，那就只是家乡，称不上故乡。前年春节假期，我带着儿子，去寻访我能找到少年踪迹的地方，有幸看到了拆毁近半的初中校舍。在冬日薄暮中，我与萋萋芳草、残垣断壁合影留念。

河道淤塞，舟楫不再，当年的杨柳岸变成了水泥路和新植成行的水杉或松树。人口密度太大，每一寸土地都需要规划，需要重新安置。整齐划一的道路，格式一致的房屋，井然有序，没有景致变换，没有视野，与自然隔了一层巨大的膜。小桥流水只保留在照片上、录像里，或者像周庄、同里这样标本式的景区里。阡陌纵横、草木丛杂的野趣，江南乡村的随意之美、朴拙之美，已是陈年记忆。

近代史上江浙并称，地理接壤，人文与风习近似，皆号称江南鱼米之乡。但是江苏土地平缓，浙地多山，民众品性也判然有别。

在临海，江南的乡村之美扑面而来，我的少年记忆被唤醒。连绵几十里的油菜花开得热烈火爆，养蜂人在菜地边采蜂王浆。我幼时见过野蜂在花间飞舞，在土墙上钻孔，见过桃李花下安置的蜂箱，此刻看到养蜂人一个一个挖蜂巢，才知晓蜂王浆的由来。

就像每次初到一个地方一样，三日之后，临海之于我，从此由地图册上的一个小圆点，典籍中的一个历史名词，变成了具体可感的人物与风景。读万卷书，行万里路，其意义在于思接千载视通万里，通过时间的穿越和空间的铺展，突破我们见闻的局限，想象的局限。

有投缘的朋友在那里，再遥远的地方都会让人心中充满温馨的怀念。

2011 年 5 月

汤先生

我的母校后塍中学建校七十余年了，今年春天搬进了新校址，并且改回了最初的校名：崇真中学。我恭请当代大作家贾平凹先生和陈忠实先生题写校名和图书馆名“崇文楼”，两位先生欣然命笔，校园增色，校史添辉。

关于母校，尽是温馨和感伤的回忆，校园里的房屋，草木，我的亲爱的老师和同学们……毕业以后不时浮上心头。我的青春小鸟一去不回来。

依稀仿佛又是那个新生，坐在高一教室里上英语课，因为基础差，忐忑不安。当时英语还没有成为高考必考科目，文科也只以五十分计入高考成绩。忘了什么原因，我们高一读的是初三的英语课本。一位六十余岁的老师给我们代讲了一学年。

老师姓汤，名讳维道，不止一次听人称他汤先生。据说他的家族里出过几个大人物，他年轻时也受过良好的教育。个子不高，气色很好，稀疏的头发向后梳着，露出浅蓝色的头皮。言行举止颇具绅士风度，长相有点像英国现代作家毛姆，幽默俏皮的语言风格也像。当时中学老师很少被称为先生的，我读大学以后，也只有王力、朱光潜这样德高望重的老教授被尊称为先生。足见汤老师不同寻常。

老先生没有备课笔记本。只带一支粉笔，像香烟一样夹在耳后根，或者夹在课本里。

教材里有一课，化学教授指导学生做实验，要求仔细观察，两位粗心的学生被童心未泯的教授耍弄，把汽油当作了美味品尝。汤先生边讲边笑，就活像那个“促狭”的外国教授。

印象最深的是跟课本内容关系不大的闲谈，某个字句或者某个情节，引起了老先生的谈兴，他就离开书本做一番发挥。按现在的说法，汤老师是性情中人，他慷慨地和学生们分享他的经历、知识、见闻和思想，并不计较懵懂的学生领悟了几分。在他的即兴发挥中，我们得知：他的一个侄儿当年以第一名考上了清华大学，名单登在《大公报》上，带给家人亲友莫大的光荣。二三十年代中国有位球王叫李惠堂，球技精湛得让外国人目瞪口呆，当时有句民间顺口溜："看戏要看梅兰芳，看球要看李惠堂。"1981年，女排勇夺世界冠军，风头正健，老先生说：别看这些姑娘长得不漂亮，确实为国争了光。诸如此类，这些信息，这样的幽默、调侃，在80年代初的中国正统话语里是听不到的。

汤先生最服膺的大师当数葛传槼教授，葛老先生英语的精熟程度，足以修正英国人编撰的英语词典中的错误。葛教授当时还在世，他主持编写的《新英汉词典》是改革开放以来发行量最大的英语词典，他40年代编撰的《英语惯用法词典》是英语研究者的案头必备书。这些是我进入大学后才了解的。但是葛传槼的大名，最早是听汤先生说起的。

还有一些与课文内容相关的英文成语、警句，汤老师信手拈来，别具妙解。当时懵懵懂懂囫囵吞枣，但是年长以后，这些成语、警句像嚼青橄榄一样让我回味无穷。

A rolling stone gathers no moss. 滚石不生苔，转业不聚财。汤先生译成："滚石不生苔，公子哥儿没钱。"真是活灵活现。

Still water runs deep. 静水流深。原来比喻世事或人性，形象贴切。

有一课讲到小流氓以拳脚欺负良民，汤老师随手写下 might is right，意即"强权即真理"。这句话给我的启悟，胜过黑格尔那本滔滔雄辩的法哲学原理。

汤老师提到了英语里最长的单词，extraterritoriality，中文译为治外法权。治外法权这个名词，对于80年代初乡镇中学的学生，不仅闻所未闻，也是难求甚解的，但它居然像烙印一样牢牢刻在我的记忆里。

所谓最长的单词，汤老师的说法可能是不准确的，后来我还见到更长的英语单词，当然也都是合成词。目前所知最长的应该是supercalifragilisticexpialidocious，是由34个字母构成的单词，源于1964年迪斯尼歌舞电影《欢乐满人间》的同名插曲。由super，cali，fragilistic，expiali和docious五个字根组成，大意可以解释为“用易碎的美丽补偿可教育性的缺失”。

老先生的国学功底也很了得。清代诗人袁枚的传世名作《祭妹文》，汤老师在课堂上摇头晃脑随口背诵：“乾隆丁亥冬，葬三妹素文于上元之羊山，而奠以文曰：……”30年代的青年教授、诗人徐志摩在大学课堂上神采飞扬地忘我朗诵，至今犹是文坛佳话，汤老师的风采一点不亚于诗人志摩。

我在校外遇见汤老师几次，都是在人民桥西南角的阳春面馆。老头走进店里，像拿着粉笔一样，拈一双筷子，面含微笑跟面馆的伙计打招呼。那份潇洒自在，想来他是阳春面馆的常客了。

我的英语根底浅，在汤老师的课堂上缩头缩脑，害怕被点名回答问题。靠着这点羞耻感，靠着一点毅力，我在高一结束的暑假通读了张道真先生的《实用英语语法》，以汤老师活学活用的方法领会英语，甚至借鉴古文句法理解英语语法。效果不错，考大学时蒙混过关了，英语单科超过了北大英语专业的录取分数线。

汤老师入世情深出世旷达，识见深广渊如大海，无意于言传身教却给我少年心灵巨大的启蒙。我在藏龙卧虎的京城混迹二十余年，也难得遇见如此超凡脱俗的人物。

2008年与孙海航老师通电话，得知老先生在不久前的5月下旬去世，享年九十岁。这样算起来，他给我们讲课时，是六十三四岁的年纪。孙老师随后寄来《汤先生走好》一文，我才了解汤先生的生平细节。

汤先生出身名门，他的哥哥汤履道，是中国人民政治协商会议第六届、第七届委员会委员，曾经担任过中国天主教爱国会副主席兼秘书长；他的侄儿汤铭新，曾任中华人民共和国驻乌拉圭、玻利维亚大使，不知道是不是汤先生津津乐道、名字登在《大公报》上的那位侄儿。

汤先生晚年应该是全心皈依天主教了，但在给我们上课那一年还毫无迹象，80年代初普通百姓还不能坦然地流露自己的宗教信仰。我母校后塍中学的前身崇真中学，最初就是一所天主教教会中学，学校旁边的天主教教堂，解放后用作了棉纺织厂，90年代又恢复成天主教教堂。

在教堂弹琴唱歌是汤先生晚年最主要的业余爱好，虽然年事已高，但他每周去教堂数次，一次待几小时，与教友切磋交流，直到他“蒙主宠召”身赴天国。汤先生的晚年是幸福而充实的。

崇真中学七十余年，正是因为有汤先生这样的良师，薪火相传，成就了一所江南名校。愿母校芳华永驻，青春常在。

2013 年 7 月

澜沧的螃蟹脚

一

初闻“螃蟹脚”这个名词，是在一次跟我的发小钱国兴兄电话聊天中。但我真正见识螃蟹脚，却是在北京三千里之外的地方，云南省普洱市澜沧拉祜族自治县的茶山上。

国兴是我老家的邻居，他在云南生活的时间远远超过在苏南故乡，前几年在昆明郊区开茶厂，现今在广州芳村茶城做茶叶生意。关于茶叶尤其是普洱茶的许多知识，都是他传授给我的。那次谈到普洱生茶品性寒凉，肠胃不好的人不宜多喝。他说普洱还有一种特殊的茶叶，叫螃蟹脚，其茶性更寒凉，初饮略苦涩，之后回甘爽甜，这种茶具有清热解毒、健胃消食、清胆利尿、降低血脂血压等功效，在茶城销售价格不菲。

从此我就留意这个名词，甚至搜寻关于它的资料。事情往往如此，你一旦留意，到处都有这方面的信息。因此，文字上的知识了解了不少。

我最初以为螃蟹脚只在茶树上生长，其实不然。

螃蟹脚又名枫香槲寄生，桑寄生科、槲寄生属植物。槲寄生属约有三十种，白果槲寄生、扁枝槲寄生、柄果槲寄生、橙红果槲寄生等，分布于东半球热带至温带，我国有十余种，各省区均有。

螃蟹脚常见于相对高海拔的山地阔叶林中，或常绿阔叶林中，寄生于枫香、油桐、柿树或壳斗科等多种植物上。因其形状如螃蟹的脚，且多绒毛，故得此名。

螃蟹脚本种分布范围广，在我国南亚热带地区观察，其枝条肥厚扁平，雌花呈椭圆状，与扁枝槲寄生的形态及生长习性等有明显差别，系不同种群。此外本种枝条的节间长度和宽度，可随寄主种类稍有变化，其果实的形状和颜色也有不同，若寄生于枫香树上的，其果椭圆状，成熟时橙红色；寄生于油桐树上的，其幼果椭圆状，成熟时呈卵球形，黄色。

枫香槲寄生喜阴凉湿润环境，常附生于阴凉湿润地区的树上。可全株入药，有清热生津、利尿、滋肾明目、祛风除湿的作用，治风湿性关节疼痛、腰肌劳损，民间以寄生于枫香树上的为佳；云南思茅民间则以本种用于治急性膀胱炎。

茶树上的螃蟹脚，不是茶叶，只是一种寄生在古茶树上的寄生物。目前只发现在澜沧县景迈茶区野生古茶树上有生长。

云南普洱市古茶山古茶树众多，制作成的茶叶也受到各地茶人追捧，这便是俗称的“古树普洱茶”。

云南普洱的茶山上，或者是一些云南原始森林中，树龄上百年乃至上千年的老茶树上面，就会生长有螃蟹脚。

我曾多次与澜沧县擦肩而过，两次是1993年、2009年去版纳，一次是2005年去临沧，还有一次是2007年思茅改名普洱时到景东，三地都与澜沧县靠近甚至接壤。今年清明假期，终于与澜沧县、与景迈茶山对面相逢。

澜沧县境内有闻名世界的景迈茶山，还有千年古茶树王。1991年，在境内富东乡邦崴村海拔一千九百米的高山上，发现了足以称冠全球的邦崴过渡型古茶树王。这个发现证明了思茅先民具有悠久的种茶历史。此树的树干地径一米八，树高十二米，树冠幅度七八米，树冠挺拔，枝叶茂密，生机盎然。经鉴定，树龄在九百至一千年，被植物学界誉为茶树原产地的活化石。

到澜沧的第三天，在从糯福乡南段村龙竹棚老寨前往惠民镇景迈茶山的途中，我就见到了长在古茶树上的螃蟹脚。

二

带领众人在茶树上寻找螃蟹脚的是作家存文学。老存眼尖，总能在茂密的春茶叶片中发现细细如新生嫩枝的螃蟹脚。天色渐渐昏暗，众人兴尽告退，老存已经采了一大把。同行者皆叹服，称赞老存是天生的茶农。

新鲜螃蟹脚就像短叶的兰草，一节一节如莲藕一般，比普通茶叶肥厚。含在口中咀嚼，不苦不涩但也没茶味。老存说，螃蟹脚要像古树茶叶一样晒青，水分蒸发颜色变黄暗，才便于存放。

存文学是位哈尼族作家，出生于思茅地区的普洱县，即现在的普洱市宁洱县。老存大学毕业后在当地山区中学教了多年的书，后来因为文学创作卓有成就调到了昆明，现在是昆明文学院院长。

在澜沧县，老存有回家的亲切、从容和自信。他曾经写过长篇传记文学《拉祜县长》，和澜沧结下了不解之缘。

这本书的传主李光华是云南的一位传奇人物，他曾是澜沧地区的末代土司，后来成为澜沧拉祜族自治区人民政府第一届主席和澜沧拉祜族自治县县长，连续在此任上干了三十四年，1987 年调任原思茅地区政协工作，1993 年病逝。李光华的一生，见证了政权更迭、新旧社会交替，他为边疆的稳定、民族的团结进步和经济的发展做出了积极贡献，曾多次受到毛泽东、周恩来、朱德、贺龙等党和国家领导人的高度赞扬，先后当选为第一、二、三、六届全国人民代表大会代表及全国人大民族事务委员会委员。李光华艰苦奋斗，尽职尽责，几十年如一日，一心想着为老百姓办事，不谋一点私利，品德高尚，赢得了澜沧百姓长久爱戴。以上是《拉祜县长》的图书宣传词。

传记出版以后，反响热烈。老存也成了澜沧县的大名人。

生长于思茅这个多民族地区，曾经在丰饶的自然和困窘的经济条件下挣扎奋斗，又见识了现代都市的缤纷繁华，老存活成了山鹰一样的精灵，阅尽沧桑宠辱不惊，生命像陈年普洱一样温厚醇香。

采着螃蟹脚的老存，像一个为家庭生计操劳的老茶农。老存的故事多，听起来像聊斋传奇，与马尔克斯《百年孤独》中的神奇世界一样魔幻。他脾气好，又有冷幽默，段子一个接一个，与他同行，再长的路都不觉得单调枯燥。老存的同事、诗人雷平阳有一首名诗，就叫《存文学讲的故事》。

如果说古茶树是大地给普洱人民的馈赠，那么古茶树上的螃蟹脚则是大地给澜沧人民的额外馈赠。自然的精华，岁月的珍珠，它一直默默存在着，但是我们关注到它、了解它，却是很久很久以后的事。

三

螃蟹脚是自然界阴差阳错的产物。

还有资料说，螃蟹脚属于扁枝槲寄生，别名枫香寄生、蟹爪寄生、虾脚寄生、枫树寄生、桐树寄生等。寄生在鞘花上，还可寄生在番石榴、枫香、黄皮、柿、柑橘、荔枝、龙眼、板栗、楝树等多种观赏植物上，或者寄生在树龄较高的古乔木茶树上。

扁枝槲寄生的种子靠鸟类传播，鸟类啄食后，排出的种子黏附在鞘花等寄主枝杈树皮上，条件适宜时吸水发芽，与寄主接触后产生吸盘，由吸盘产生初生吸根，侵入寄主树皮外层，当初生吸根接触到寄主皮层时，产生分枝的假根和次生吸根，穿过寄主形成层进入木质部。这时部分次生吸根分化为输导组织，其导管与寄主导管相连，吸取寄主体内的水分和无机盐。胚芽在胚根与寄主建立关系后发育成短枝和叶，后形成丛生状扁枝槲寄生。

这些植物学分类，扁枝槲寄生还是枫香槲寄生，两者到底是不是同一事物，我一直弄不明白，索性不再深究。

寄生植物无疑会影响原木的生长，它在林木种植者眼中，属于要铲除的赘生物。我所看到的古茶树螃蟹脚，就像茶树本身天然生长出来的，浑然一体。在茶农眼中，这是不可多得的宝贝。

澜沧县惠民乡芒景村千年布朗古寨翁基，据说是个长寿之乡。在寨子里散步，遇到一位老者，邀请我们去他家品茶、买茶。到得楼上，他孙子在家，屋顶上竹盘子里晒着孙子采的一撮螃蟹脚。我半开玩笑问，一百元卖不卖，老者征询孙子意见，孙子摇摇头。此前在糯干村大家已经各自买了一些晾干瓶装的螃蟹脚，也就没重新开价，下楼继续余下的行程。

老者对孙子意见的尊重让我有些意外。离开古寨，我又略略有些懊悔，我应该用稍高一点的价钱买下那些晾晒中的螃蟹脚，那是一个孩子假期里的劳动成果，而他又非常珍视这些成果。

螃蟹脚通常在上百年的古茶树上才能找到。因其生长极为缓慢，加之过量采摘，野生螃蟹脚的数量已极为稀少。市场价格也是居高不下。关于其药用价值的传说，也为其高价起了很大推动作用。普洱茶本身就被港澳台地区、日本的茶客当作保健茶，共生一树但数量稀少的螃蟹脚，自然显得十分金贵。新鲜螃蟹脚外观为绿色，晒干后转为棕黄色。有老茶客谈饮茶经验说，干的螃蟹脚冲泡出的汤色黄绿透亮，初时有浓郁的特殊清香，陈化后有较浓药香味儿，回甘强烈。物以稀为贵，更何况其本身是如此神奇。

民间传说它含有多种有机物，营养价值很高，可做药用，能祛风利湿，舒筋活血。用于消炎、治疗胃病、糖尿病效果较好。常饮可防止血管硬化，消除疲劳，延年益寿。螃蟹脚加普洱茶，具有较好的医疗作用，可治肚子疼，清凉，有防癌保健作用。还可以治疗风湿关节痛、腰肢酸痛、风湿骨痛、劳伤咳嗽、痢疾、产后血气痛、鼻衄、小便淋痛。

民间掌故又助长了传说，传说进一步推升了价格。茶商们由此发现了商机。2003 年爆发 SARS 病毒，深圳某茶叶公司首次以六七成高比例螃蟹脚拼配班章茶压制成饼，其制作原理是取普洱茶增强人体免疫力，以及螃蟹脚清热解毒之功效，借以对抗病毒。2003 年以后，市场即流行以螃蟹脚做铺面，或点缀于饼面上。这非典时期的螃蟹脚茶饼，一定是收藏界的大宠儿吧？

四

螃蟹脚虽然长在茶树上，却并不就是茶叶，只是在晾晒干爽甚至陈化以后，可以当茶叶饮用。

回到北京一周之后，购买的螃蟹脚变得更干更脆，自采的螃蟹脚也在晾晒中渐渐变黄。我用茶壶尝试泡了一次，淡乎寡味，心中不免有所失望，觉得盛名之下其实难副。

有资料介绍，螃蟹脚可以单独饮用。取螃蟹脚一两克，放入小壶或薄瓷盖碗中，用开水冲泡。像冲泡普洱茶一样先进行“洗茶”，第二道才开始饮用，随着冲泡次数的增多而延长冲泡时间，可冲泡二十道以上，待冲泡至无味。那得是存放多久的螃蟹脚啊？我操之过急了。心急喝不得热粥，心急也喝不得好茶。

也有老茶客说螃蟹脚可以成为“普洱茶的伴侣”，与普洱茶一起饮用。取二至三小枝螃蟹脚放入茶中，同茶一起冲泡饮用，别有一番风味！还告诫千万不要放多了，否则会夺普洱茶的本味的！这说明螃蟹脚本身的滋味很浓烈，不是我所感觉的淡乎寡味。但普洱生茶品性寒凉，如果加入性凉的螃蟹脚，过量饮用，比较伤胃，也容易导致腹泻，不适合有肠胃疾病者和孕妇饮用。

同行澜沧的师东兄认真听取了老存的建议，准备回家用螃蟹脚煲鸡汤。螃蟹脚与净嫩鸡一起炖至肉烂，吃肉、喝汤，具有很好的滋补食疗效果。师东乃湖北洪湖人氏，本就擅长厨艺，新近喜添千金，家庭生活更加温馨甜美。一路行来，遇到北京不易寻觅的食材，师东必购买一二，预备回京大展身手。

五

任何一个人或者一种事物，一旦被神化，就有被还原甚至被丑化的危险，所谓高处不胜寒。在目前的宣传推销文字中，螃蟹脚的药用价值存在被无限夸大的趋势。

比如有份材料这样介绍螃蟹脚：“专家预测槲寄生有望成为继紫杉醇之后又一种天然抗癌药。螃蟹脚治疗癌症适用于癌前状态。而且还适用于预防术后复发，还适用于不能手术的晚期肿瘤，可延长生命，改善病人的一般症状，明显缓解疼痛，缓解病程，甚至对极严重的病例也很少需要常规地使用止痛药。此外，对胃癌、肠癌、肺癌术后均可提高生存率，对卵巢癌、直肠癌晚期、结肠癌、膀胱癌有很好疗效，具有较强的抗肿瘤作用，所以我们把螃蟹脚加到熟茶里一同泡喝有较好的医疗作用。是一种很好的保健药材。”

我很希望这是真的，人类的顽疾——癌症有了新的强大克星；但又心存疑问，临床效果是需要数据、事例来证明的。

2007年夏天我到景东，正是普洱茶如日中天、供不应求的时候，实际上危机早已潜伏在其中，马上就要爆发。我引用“囚徒困境说”“博傻理论”和“假孕理论”，向景东宣传部杨部长提出建议，地方政府要积极应对普洱茶泡沫破灭之后将引发的财政危机。

螃蟹脚在地方经济中的比重不大，但也有被神化、泡沫化的危险。况且作为扁枝槲寄生或者枫香槲寄生的植物之一，不只是茶树上可以生长，作为茶中精品的螃蟹脚很容易被相类似的同属植物所冒充。养成一个精品需要成百上千年，毁掉一个精品只需旦夕之间。

好在澜沧地方政府和茶农很有品牌意识，严厉禁止外地茶叶混进景迈冒充古树茶。建设生态文明，不仅要保护好这一片青山绿水，还要留住螃蟹脚这样的古树精灵。这是民族的根、文化的根。

2014 年 5 月

终生为客

我最初知道“客家人”这个名词，和“湖广填四川”这段历史，还是在中国的红司令朱德被选入中学语文课本的《我的母亲》一文中：

> 我家是佃农。祖籍广东韶关，客籍人，在“湖广填四川”时迁移四川仪陇县马鞍场。

湖广填四川，是指发生在清朝初期的一次大规模的移民潮，不只是湖南、湖北，据说江西、福建、广西等一共十几个省份的居民也加入了移民潮。为何要湖广填四川？有史料记载说是明末张献忠在四川杀人如麻，妇孺不留，导致蜀中人口急剧减少。也有人说是清兵入境镇压反抗者所致，清初统治者夸大其词栽赃给张献忠。但张献忠在四川滥杀无辜，史籍记载在在皆是，肯定不是凭空捏造。近些年，四川屡屡发现新的万人坑，张献忠屠四川又引起了历史学家的研究兴趣。

在成都近郊龙泉驿区洛带古镇，我第一次感受到客家文化在四川的巨大存在。此前我对洛带镇的全部认识，都来自诗人成都凸凹的长篇小说《甑子场》，小说中屡屡提到的会馆，如今依然坐落在洛带古镇上。这里共有广东会馆、江西会馆、湖广会馆、川北四大客家会馆，还有客家博物馆、客家公园，这里婚丧嫁娶的礼仪是客家风格的，美味佳肴尤其豆腐菜是客家风味的，说的话依然是客家的词汇和语音。

在洛带镇的广东会馆，东西墙上写着一位名叫笑秋的人的两首诗。一首是丘壑题壁的：

豫闽粤川皆吾家，
勤耕苦读勇开发。
乡音无改东山下，
百里桃林香客茶。

另一首是笑秋自撰自书：

岭南尊我客，
客本中原根。
根育成材树，
树逢盛世春。

两首诗言简意赅地记录了客家人的历史。细看两边墙上的字，书法相近，“丘壑”或许正是“笑秋”，我当即猜想或许这位笑秋本人也是居于西蜀东山下的客家人。

回京后跟凸凹兄谈起此事，他说这位笑秋非等闲之辈，全名邱笑秋，是一位著名画家，正是居住在龙泉驿的客家人。笑秋与邓小平女儿邓楠熟识，前两年刚进中南海为常委们画了一组画。据说邓小平的“猫论”与他的绘画有很大的关联。

广东会馆内柱子上的对联也蕴意颇深。我兼任着《中华辞赋》的总编辑，对诗词楹联有着本能的关注：

云水苍茫，异地久栖巴子国；

乡关迢递，归舟欲上粤王台。

另一副：

江汉几时清，且向新宫倾竹叶；

罗浮何处是，但逢明月问梅花。

家国之忧，故土之思，尽在这些对联文辞之中了。

我在北京读书、求学，然后工作、娶妻生子，至今居京已经三十一年了。前些年我跟父母开玩笑说，我现在在哪儿都是客人。在北京，因为是第一代北京人，乡音未改，行为做派跟北京土著或者第二、第三代北京人有明显的区别。因为北京的包容性，新北京人完全可以不管不顾老北京的风俗礼节，因此也不可能从内心对北京产生归属感，美学上的故土诗意只是在瞬间涌现又瞬间消失。在我的家乡，虽然父母、兄姐、亲朋居住在此，但父母已经把偶尔回乡的你当作客人一样对待。或许我今后的生活始终游离于我所居住的地域，在每一个地方都是客人，终生作客，终生都心系远方。

客家人本来居住在中原，后来迁徙到闽粤，再在明清之际填四川。起初视中原为故土，现在岭南又成了乡关。

有首著名的唐诗《渡桑干》，一直归在贾岛名下，也有人说是贞元间诗人刘皂所作，诗句道出了人心中乡情的微妙变化：

客舍并州已十霜，归心日夜忆咸阳。
无端更渡桑干水，却望并州是故乡。

其实，我们从人类寄居于地球这一角度看，故土之思都是相对的。航天员在太空第一眼回看地球，对这个漂浮于太空中的蓝色星球便会产生无限眷恋，人生的诸多困惑顿时释然、达观。李白《春夜宴从弟桃花园序》起句便说：

夫天地者，万物之逆旅也；光阴者，百代之过客也。

人生不过百年，安居不移无以了解世界，飘浮无根则如云如絮不知所之。客家人千百年来从中原到东南，到西南，到东南亚，到世界各地，为了生存不停迁徙，但是语言、习俗是客家人文化的根，走到哪里带到哪里。客家人对自身传统的珍视，也是对中华文化的珍视。我在洛带感受到了历史的厚重。

初冬时节，洛带的空气中有四川盆地常见的潮湿清冷，早晨坐着电瓶车游览洛带湿地公园，看得到周围忽聚忽散的薄雾，草地和树叶上、水边的芦苇上，覆盖着薄薄一层白色的霜。我在江南水乡长大，长期羁旅京城，这薄雾这白霜已经久违了，忍不住惊奇赞叹。陪同我们游览的洛带镇镇长雍峰先生随口吟出诗句："这就是《诗经》里所说的'蒹葭苍苍，白露为霜'。"确实，我已经许久没见过覆盖着白霜的芦苇了，为生计忙于奔走，离诗意的世界越来越远。

新年初，《中华辞赋》杂志社主办迎新春诗赋咏诵会，我把《诗经·国风·秦风》里的这首《蒹葭》选为咏诵篇目的第一首，潜意识中可能是因为那天早晨所见到的洛带湿地，因为文雅风趣随口吟出诗句的雍镇长，因为客家文化丰盈的甑子场，让我重新体验到悠然旷远的诗意情怀。

2015 年 1 月

阿拉尔的江南姑娘

一

“如果你去阿拉尔，一定要到农一师十团看看，我在那儿出生，长大。阿拉尔是我的真正故乡。”

这是2015年7月初，小雨在微信里跟我讲的话。说来让人难以置信，小雨是我三十年前高中时期的同学，在一个班级里同学过半年，在同一年级同学两年半，而我们俩开始进行可以称之为个人对话的聊天，不过才一个月，而且主要是在微信里。

在上个世纪80年代初的中学里，尤其在我们这样的乡镇中学，男女生基本上是不做私下交流的，至少不会在公开场合一对一说话。那股保守、封建、腼腆、害羞氛围，小雨现在还记忆犹新："有一次我回头问男同学怎么交作业，男同学的脑袋都要钻到桌子底下去了。一会儿所有的女生都围过来好奇地看着我说：'你胆子真大，怎么敢跟男生说话！'有个礼拜天，我和弟弟以及一位同龄远亲一起走在路上，所有的同学都像看怪物一样看着我们。"来自新疆的小雨起初很不适应，慢慢也就习惯了。

高中毕业后我到北京读大学，寒暑假回家乡偶尔与同学聚会，男女授受不亲不通音问的禁忌就顺乎自然打破了。年岁渐长，早已忘了那种青涩尴尬。但是三十年间那些一直没有机会再次见面的女生，我跟她们从未对过话的历史事实，恐怕难得有机会改写了。

感谢微信这个现代化的交流工具，我们这些年近半百的大中小学同学，虽然三教九流天各一方，终得以在微信平台上重新相聚成群，在虚拟空间里每日会面。少年时节的人和事，已经在层层叠叠记忆的最深处，如今被翻出来，居然一片崭新。

“问姓惊初见，称名忆旧容。”在网络世界里我又遇到了小雨同学。小雨是她的微信名字，她小时候的玩伴都叫她小雨，我也姑且这么称呼她。

7 月下旬我将有一次南疆阿克苏、阿拉尔之行，我知道小雨是新疆人，随意跟她提起，没有料到，我的小雨同学居然是在南疆长大的，而且就出生在阿拉尔。那一刻，我既有意外发现的惊喜，又为自己如此不了解老同学而生出诸多感慨和些许惭愧。

小雨是在高一下学期来到我们这个普通中学的重点班的，当时有许多在外地工作的苏南人把子女送回老家读书或者就业，但没有一位新人的到来像小雨这样引人注目。她在吴方言氛围浓重的校园里、课堂上说着纯正的普通话，衣着打扮简单而时尚，尤其她的神情，稍含忧郁，又仿佛有一种旁若无人的高冷。我至今记得她扎着两条短辫子，圆圆的脸，微微扬起下巴，在黄昏里从食堂走向教室夜自习的样子。她的穿着打扮和她的神情所散发出来的气质，在 80 年代的苏南乡镇是不多见的。

“那不是高傲冷漠，是你们本地同学比较排外，我跟同学之间缺乏热情和友谊。”小雨在微信里如此解释，我只能默认事实无言以对。其实据我所知，本地同学并不排外，只是在洋气自信的外来同学面前有点自卑；我知道有许多男生暗暗地喜欢小雨，也有不少女生羡慕欣赏她。但在学校明令禁止谈恋爱，班主任有权拆读私信的环境里，男生们的暗恋爱慕也只能发乎情止乎礼夭折在萌芽状态了。

二

“文化大革命”初起的那一年早春，小雨出生在南疆小城阿拉尔。阿拉尔原来是一片人迹罕至的荒原，在维吾尔语里是“绿色岛屿”的意思，可见周围沙漠如海，阿拉尔只是中间的一个岛屿。1957 年新疆生产建设兵团农一师奉命进驻阿拉尔屯垦戍边，阿拉尔才逐渐烟火弥散人丁兴旺。

60 年代初期，苏南某大学里的一对男女同学，学校毕业后，因为两人的家庭成分都不好，被分配到新疆支边，后来他们成了小雨的父母。小雨家兄妹三人，她有一个哥哥，一个弟弟。

农一师屯垦戍边十余年之后，阿拉尔还是显得荒凉，人们大多居住在半地下的地窨子里。还挖掘了更深的地窖，冬天用来存放蔬菜，白菜、土豆、萝卜、俗名皮牙子的洋葱等。每次下到地窖，都会发现里面盘了好多蛇，小孩子见了心惊胆战。那是冬眠的蛇，一开春，蛇就苏醒游走了。

小雨说她小时候像男孩子一样任性贪玩，经常爬到树上掏麻雀窝，到苜蓿地里找鸟蛋，在水渠里摸鱼，爬上沙枣树摘沙枣吃。沙枣的果实健脾止泻，可治消化不良，果实很甜，特别是有一种黑屁股的沙枣，那果实最甜。但是这种树枝条上尖刺太多，爬上去再下来脸上手上都会挂彩，偶尔她还会从沙枣树上掉下来，摔得鼻青脸肿。

小雨父亲被分配到畜牧队，和一个老头住在牛圈附近，那里有一条很壮很凶的大黄狗，小孩子都不敢靠近。因为不住在一起，三个孩子很少见到他。孩子们也怕见到他，犯了错父亲每次都像旧时塾师一样用直尺打手心。母亲因为忙，没有心思和工夫照管她和弟弟，有时候失去耐心，调皮捣乱不听话的小雨就经常挨打。那时候农场饲养各种牲畜，牛、羊、驴、骆驼、鹿。小雨赶过羊群，捡过牛粪，骑过驴、牛、马，到鸡场抓公鸡，拔鸡屁股上的毛做毽子。她不爱吃羊肉，小时候喝过生牛奶，挤出来没有消毒就喝。这种生牛奶把她喝伤了，现在偶尔想起来还感觉恶心。

“其实我还是很想十团的，特别是畜牧队。”小雨跟我说。

一点一点长大，小雨越来越漂亮，成了人见人爱的小姑娘，爱唱歌，会跳新疆舞。但是懵懵懂懂，习性还没改，玩耍起来依然跟男孩子一样，甚至会跟欺负她的男孩子打架。

父亲从江南鱼米之乡分配到新疆的沙漠戈壁滩上工作，到了新疆还是天天被批斗，下放到牧场，可以想象他的内心有多郁闷。因为禀赋聪明悟性好，在牧场最初做体力活，后来改做技术员，身体上没受多少苦。儿女从小就没跟他生活在一起，孩子们很少见到父亲，长大以后也就没有多少亲近感。1977 年父亲平反，直接调到团部当老师，那时小雨已经是初中生了。平反后父母的收入一直很高，那时别人的工资才十几块，父母加起来就有一百多块，在那个年代的家庭里，算是比较高的收入了。

当时去新疆工作的内地知青，落户成家普遍有了第二代，绿树成荫子满枝了，但都有叶落归根的想法。像当时许多内地援疆者一样，作为权宜之计，小雨父母决定先把儿女送回老家读书。于是小雨回到了父亲的老家江苏省沙洲县，他的弟弟去了母亲的老家南京。

三

我从北京首都机场，经过四个小时二十分钟，到达乌鲁木齐地窝堡机场，休息一个多小时，再从乌鲁木齐花费一个小时十五分钟飞到阿克苏。中午从北京家里出发，到达阿克苏住进宾馆，已经是午夜时分了，但因为时差，在新疆还只是上半夜。北京到阿克苏，空中飞行了将近五千公里。

而小雨说起当年回江苏读书的旅程，远非这么快速便利。

从农一师十团到师部所在地阿克苏，要坐卡车六七个小时。去阿克苏没有长途大巴，团场出来都是坐卡车，敞篷卡车，两个驾驶员轮换开。晚上住在阿克苏，第二天天蒙蒙亮敞篷卡车再出发，从阿克苏到乌鲁木齐要两到三天，到了乌鲁木齐住在农一师办事处。然后坐乌鲁木齐到上海的火车，四天三夜，或者三天四夜。因为母亲是南京人，有人接站，所以一般选择在南京下火车。从南京到沙洲县坐长途汽车要七个小时。那时坐火车和现在不一样，每个车厢过道里都是人，座位下也躺着人。谁要是憋不住了想上厕所，都恨不得从人头上踩过去。中途上火车的人都是从车窗爬进去的，行李全部从车窗递进递出。连续坐了四天三夜或者三天四夜的火车，身体再棒的乘客脚都是肿的。有一年小雨从南京城回沙洲县，长途汽车翻了车，差点丢命。那次事故后，她见到公共汽车就感觉害怕。

小雨第一次到江苏，是三四岁的时候妈妈带着她回老家探亲，后来十岁左右又回来一次。第三次就是 1981 年初中毕业到老家来读书。那一年火车坐到天水，遇到发洪水，铁路冲坏了，不得已所有的人在候车厅等了好几天，最后坐长途汽车绕六盘山一天多，到兰州以后再坐上火车。路上走了将近十五天才到沙洲县，到达的时候已是九月中旬，学校已经开学十几天了。

我问小雨，既然路途这么遥远，风尘仆仆如此辛苦，为何还要坚持到苏南读书？她说受父母影响，打小就有一个念头：我不是这儿的人，我要离开这里，要回到老家。

高二开始文理分科，重点班解散。上学期我在理科班读了一个月，某天灵魂一闪念，要求调进文科班，教导主任爽快同意。小雨高二高三继续读理科班，我们也没有机缘接触交流，依然是熟悉的陌生人。

小雨眼神中的忧郁，是年少无知的我所不了解因而也不能理解的。隔了三十年时间她轻描淡写说起高中的经历，我才恍然明白。沙洲县虽然是故乡，但小雨毕竟不是在内地长大的，父系亲属都不熟悉，在这里没有房子，也就等于没有物质意义上的家。节假日只是偶尔去亲戚家或者要好的女同学家住一下，其余大部分时间是在集体宿舍孤身度过的。节假日学校食堂不开伙，她只能对付着吃饭。那时候乡镇餐饮业落后，有钱也未必买得到食物。时间长了，营养不良身体虚弱，导致缺铁性贫血，低血糖。长大以后这病症如影随形，至今仍在困扰着她。

按照当年的教育政策，小雨只能回到新疆参加高考。1984 年 3 月她就提前离开了我们中学回新疆备考。学校确认了她的毕业资格，她的班主任还集合同学不事声张地提前拍了毕业合影。对于母校领导和班主任的体贴关怀，小雨至今充满感激。

1984 年初春回新疆，她没有买到火车坐票，从南京几乎站到了西安，好在中间不停有好心人让座，稍稍缓解疲劳。我联想起这年秋天我到北京读大学，寒暑假回家要从北京站坐硬座，二十三个半小时到苏州，至今想来犹视为畏途。其实这样的路程比起小雨那些年的长途跋涉，实在轻省，不值得一提。

我对当年的小雨几乎一无所知，如今聊起来，惊讶、羡慕、赞赏、感叹，发自内心佩服之至。

四

在江苏苦读的三年，小雨的个子一点没长，回到新疆生活规律了，又长了两厘米。异地学习艰难归来，小雨高考却失利了，这是她父亲难以接受的事实。那时父亲在新疆生活了将近二十年，对这块土地并没有多少依恋之情，“身在曹营心在汉”，一心一意要离开。他把自己没有实现的愿望寄托在儿女身上，希望他们考上大学离开新疆远走高飞。小雨的哥哥、弟弟都先后考上了大学，遂了父亲的愿望。

小雨从小就爱皱眉头，眼神有点忧郁，读高中就戴眼镜。因为肩负着父母的期待，她身在阿拉尔，心却一直在远方，更具体点说，在江苏，她的故乡，这个她求学、生活了三年又不得不离开的地方。

“有些鸟是不能关在笼子里的，他们的羽毛太漂亮了，当他们飞走的时候，你会觉得把他们关起来是种罪恶，但是，他们不在了你会感到寂寞……”这是好莱坞 1994 年上映的经典影片《肖申克的救赎》中的著名台词。小雨就是阿拉尔留不住的一只小鸟，她当时心心念念要飞向远方。

父亲一心想回江苏老家工作，十团、一师舍不得这位骨干教师，不同意调动。小雨的心情比父亲还迫切，她孤身长途跑到乌鲁木齐，找到新疆生产建设兵团总部，兵团组织部门的负责人也被她的执着坚定感动了，当着她的面打电话给一师，指示批准她父亲的调动。

1987 年，小雨和父亲的户口一起迁到故乡沙洲县，此前一年已更名为张家港市。

五

沙洲县原先是1962年由常熟县、江阴县的各一部分相对落后的地区合并而成的，是这两个历史名县的边角料，1986年改名为张家港市。我们这个地方的人总是得风气之先，县改市在全中国刚刚开头，沙洲就抢跑在前了。

父亲调入张家港后，小雨在这里参加了工作。凭借自己的努力，业余拿下了大学文凭，调入一所大学做行政工作。

张家港是个很宜居的小城市，近二三十年一直超速发展。90年代中期“张家港精神”成为全国学习的先进典型。

在张家港，小雨结束多年的颠簸奔走，开始了稳定的生活，结婚生女，安居乐业。小雨入乡随俗，或者说还乡随俗，会做苏帮菜，会包馄饨。南疆生活的经历给了小雨一颗热爱旷野敢于冒险的心，每个寒暑假都要去旅游，而且热衷于自由行，喜欢去那些冷僻的、路途有些艰难的国家和地区。旅行有益于身心，别的同龄女性已经很富态，甚至显得老态了，小雨还是显得苗条、年轻。

这样的人生归属，只能用“幸福”一词来概括。

新疆辽阔的大地养成了她开阔的心胸，从不计较，心直口快，对人对事有不同看法就当面直接批评。她的品性没有被时间磨蚀，没有被基层社会功利世俗的文化所污损。这样的性格容易得罪人，好在她年岁渐长依然一派天真，别人也不好意思跟她多计较。

身在苏南的小雨，对新疆，对阿克苏、阿拉尔，对十团，还是难以忘怀。她热爱新疆，关心与新疆有关的一切事物。在网上浏览有关新疆的新闻，在微信上看到介绍新疆的美景，阿克苏的神木园、阿克苏库车县城西约两公里的皮朗村的龟兹故城（那里拥有比莫高窟历史更加久远的石窟艺术）、阿勒泰地区、喀纳斯的后花园禾木、雅丹地貌，诸如此类，她都忍不住转发给朋友们，自豪之情蕴含其中。

回到了父亲的故乡，那个全家客居之地阿拉尔又成了小雨的故乡。在家里，她做新疆的食物，拉条子、大盘鸡。少时的饮食习惯，是深埋在身体里的本能记忆。但是毕竟路途遥远，1987 年以后她只回去过两次。

知道我应浙江台州援疆指挥部邀请，将去兵团一师阿克苏、阿拉尔，小雨止不住兴奋激动，嘱我多拍照摄像发给她，让她通过图像再做一次故地重游。

我知道，小雨深情地怀念着阿拉尔，怀念十团，这个当年她一心想离开的地方。

六

我把每天的行程表发给小雨，她就成了我相隔万里的义务导游，不厌其烦地介绍每一个地点，她的知识和印象，以及当年的记忆。

塔里木河日出日落的美景，已经成为有幸观赏者口中的美丽传说，可惜我们一行赶到塔里木大桥上时，已经错过了观赏的最佳时刻。但是小雨记忆中的塔里木河，不是一个观赏景点，而是童年时艰难生活的见证者。

她给我发来关于塔里木河的大段文字，写的是冬天的塔里木河："家里每年的柴必须由我们三兄妹解决，所以在每年的大冬天，当塔里木河结冰时便是我们去砍柴的时节。一大群年龄相仿的孩子每家推着一个轮子的木推车（当时我们叫它独轮车），浩浩荡荡地杀入了一望无际、白雪皑皑的塔里木河中央深处的原始森林。去寻找叫铃铛刺儿、红柳的树，因为这两种树是最容易燃烧的。如果是要砍铃铛刺儿的话，那每个孩子到最后就是血肉模糊地回家了，因为那上面长满了长长的刺，扎在人身上十分疼。每当饿了，就找一大堆干柴点燃，把家里带来的干粮烤热了吃，渴了就把雪刮开，挖下面的冰含在嘴里解渴。实在想吃肉的话，就在树林里抓几只野兔，或是把冰敲开一个洞抓几条鱼，烤着吃。当时的我们基本过着原始人的生活，但仍然觉得颇有乐趣。砍够了柴之后，那就是我们最快乐的时候，我们在冰雪地上互相追逐，打着雪仗，在太阳西下前，活蹦乱跳地回家了。”

南疆土地辽阔物产丰富，公路两边都是高大的白杨林，或者是细枝密密的沙枣树，地广人稀，路阔车少。在路上我忍不住想，如果我要拍一部公路电影，南疆是极佳的外景地。

天山神秘大峡谷很壮观，坐大卡车穿行其中，像在观赏好莱坞科幻大片。我们的游览时间比较短，卡车开进去，每个景点只停留几分钟，没有工夫仔细欣赏，但是那种奇特样貌，那种凌空傲立的气势，只要你驻足一瞥，便过目难忘。小雨 2009 年回南疆，去了大峡谷，坐着越野车在峡谷里待了一整天，她也是第一次去。新疆的大美，她是在离开多年以后，才慢慢领略到的。

南疆很轻易地就征服了我这样的旅行者，这是一片蕴藏丰厚、潜力无穷的土地。短时期内，可能会有一些因素制约南疆的发展。但是，矛盾和障碍都将被克服和跨越，都会化作历史的云烟。

我们驻留的那一周，南疆平均气温高达四十度，成了全国最热的火炉。在这样一个大热天的中午，我们途径阿瓦提县，这是个维吾尔族人口占多数的地区，著名的刀郎之乡。小雨说起，初中的时候，有个阿瓦提的男同学和她最要好的阿克苏女同学谈恋爱，她还跟着去了阿瓦提。如果户口不调回苏南，她学校毕业后，就只能待在少数民族地区工作。她开玩笑说："那样的话，就真一辈子见不到你们了。"

我也开玩笑："你就可能跟我在阿瓦提大街上见到的维吾尔族大婶一样。"

"有可能哦，高大壮硕，见到我你会吓昏的。"

其实我不会吓昏的。那个在阿瓦提县城大街上给我们破西瓜解渴的维吾尔族大婶非常和蔼亲切，汉语也很流利。小雨如果生活在阿瓦提，或许也是这个模样。

十团是我们此次阿克苏—阿拉尔之行的最后一个团部，也是让我们最开眼界的一个团部。

浙江台州援疆指挥部负责设计建设的十团住宅小区，有个雅致的名字，叫翠湖雅居，小区中央小桥流水亭子翼然，格局、规模、景致像江南园林一样，精巧风雅。置身其间，浑然不觉此刻正在远离江南三千公里的塔克拉玛干大沙漠的边缘。

我把翠湖雅居小区、蓝泊湾戏台的照片发给小雨看，她回复说：“我的真正故乡就是十团，我在那儿生活了近二十年。看了你发给我的十团照片，好激动，一定要多拍点。”“这是在我家以前的旧址上建的，我初中就住那里。翠湖园是我家旧址。”“看照片已经找不到一点原来记忆中的样子。十团完全变了，心情很复杂。”

十团有一座非常现代化的生态园，无土栽培蔬菜，温室培育各种植物、各种花卉，结出各式各样的温带、热带水果。生态园的经济前景很广阔，也是别具一格的旅游景点，墙上贴着一条标语让人不禁会心一笑：“早知有十团，何必去海南。”确实，海南的水果、花草、蔬菜、树木十团样样都有，比起海南，十团所缺的只是蔚蓝大海。

“沙漠里的花，要么不开，开了就是最美的。”小雨说。小时候新疆没有橘子，1979 年父亲从江苏回新疆带了点橘子，兄妹三人好奇得不得了。现在在十团的地面上，可赏可食的植物应有尽有。“十团，我一定要再回去寻一次根，因为我最快乐的童年是在十团度过的，我是喝着塔里木河的水长大的，那是生我养我的地方，我对那里有着深厚的感情。”

十团小区旁有大片大片的花田，像普罗旺斯的花海一样。小雨看了照片说：“不知道十团的幸福林还在不在，我那时候早晨都去那林子里看书。以前十团也是一师最漂亮的，没有一个团能跟十团比。十团的红枣很有名，比和田的枣还要好吃。”“在十团转悠，你会看到我儿时的影子。”

但是我没有看到她当年的影子。在花园式的现代化小区里，在香气袭人的花海中，小小的小雨或许会迷失方向，找不到回家的路。

如果此刻在十团遇见少女时代的小雨，我一定会让她停住脚步，告诉她：你面前的我，将是你不久以后在老家中学的同班同学，你将有一个颠簸不定、总是在路上的青春，此后你将定居在远方故乡的江南小城，过上安定幸福的生活。

如果我能穿越时空，告诉小雨她的命运她的未来，她会相信吗？她紧锁的眉头、忧郁的眼神会不会因此稍稍舒展开朗？

2015 年 8 月

读帖识尔汝

廊庑周遭翠幕遮，禁林深处绝喧哗。

界开日影怜窗纸，穿破苔痕恶笋芽。

西第晚宜供露茗，小池寒欲结冰花。

谢公未是深沉量，犹把输赢局上夸。

这是收在《全唐诗》卷八中的一首诗，题为“宫中作”，写的是深宫小窗下的清静寂寥，读来平淡无奇，却是五代十国之吴越国末代国王钱俶的唯一传世诗作。因为写作文徵明传记的缘故，我查阅湖北美术出版社的《中国法帖全集》，在第四册《汝帖·雁塔题名帖·鼎帖》中，意外地读到这首诗。

由于书写材料经不起岁月的销蚀，后人看到的古代书法真迹越来越少。尤其古代文人书写的自己的作品，比如苏轼的《黄州寒食帖》和杜牧的《张好好诗》，能够传承有序保存到今天，上千年间逃避了水火兵匪虫蠹种种灾难得以幸存，实在是传奇。唐宋八大家之一曾巩唯一传世的作品《局事帖》，昨天晚上在中国嘉德2016春拍中以1.8亿元人民币成交，媒体惊呼“一字六百万元”，其珍贵由此可见一斑。

钱俶的这首诗，是真迹刻石的拓本，甚至可能是复刻的拓本，作者书法的神采或多或少会有所减损，但看到古代诗人自书的诗作，我的兴奋和好奇，不亚于看到苏轼的《黄州寒食帖》和杜牧的《张好好诗》。

我最早知道钱俶的名字，还是在中学课文鲁迅的《论雷峰塔的倒掉》的注释里，鲁迅原文是这样说的："后来我长大了，到杭州，看见这破破烂烂的塔，心里就不舒服。后来我看看书，说杭州人又叫这塔作'保叔塔'，其实应该写作'保俶塔'，是钱王的儿子造的。那么，里面当然没有白蛇娘娘了，然而我心里仍然不舒服，仍然希望他倒掉。"

钱王就是吴越王。吴越国（907—978）是五代十国时期的十国之一，存世只有七十二年，却出了历史上大大有名的祖孙国王：开国国王钱镠和末代国王钱俶。雷峰塔为吴越国王钱俶因黄妃得子而建，又名皇妃塔、西关砖塔，位于杭州西湖风景区南岸夕照山的雷峰上，后人改称"雷峰塔"。旧雷峰塔已于 1924 年倒塌，后来重建，新建的雷峰塔为中国首座彩色铜雕宝塔。雷峰夕照为西湖十景之一，2013 年被国务院确定为全国重点文物保护单位。

据史料记载，钱俶是一位诗文书法兼擅的诸侯。《宋史·列传·卷二百三十九》说：

（钱俶）颇知书，雅好吟咏。在吴越日，自编其诗数百首为《正本集》，因陶谷奉使至杭州，求为之序。性谦和，未尝忤物。在藩日，每朝廷使至，接遇勤厚。所上乘舆、服物、器玩，制作精妙，每遣使修贡，必罗列于庭，焚香再拜，其恭谨如此。崇信释氏，前后造寺数百，归朝又以爱子为僧。善草书，上一日遣使谓曰：“闻卿善草圣，可写一二纸进来。”俶即以旧所书绢图上之。诏书褒美，因赐玉砚金匣一，红绿象牙管笔、龙凤墨、蜀笺、盈丈纸皆百数。

《正本集》后来失传，“好吟咏”的钱俶存世的诗作仅上述这一首。存世的书法也仅有三件，除汝帖上的这首诗外，另外两件是浙江省博物馆所藏钱镠、钱俶《批牍合卷》，以及长期流散，今年又屡次出现在拍卖会上的后段钱俶《草书手简》，历史上称这两件为“二王手泽”。

钱俶擅草书，宋太祖称其笔法可入神品一级，《宣和书谱》卷十九记载：

> 方浙右富庶登丰之久，上下无事，惟以文艺相高，故俶尤喜翰墨。而作字善颠草，其斡旋盘结不减古人。太宗遣使取其草书以进，俶乃以旧习绢图上之。诏赐以玉砚、金匣、象管、蜀笺等，且示宠焉。然当时降王，有始有卒无如俶者，盖以能先诸国作我藩服。其后子孙继登显仕，垂荣无穷，信万世臣子之劝也。今御府所藏草书二：国子直讲补牒，手简。

这段话大概就是《宋史》钱俶传的底本之一了。内府所藏《国子监直讲补牒》也许早已灰飞烟灭，但《手简》一直流传有序。吴越王三十世孙、清代学者钱泳认为,《草书手简》正是《宣和书谱》著录的《手简》。手简应作于公元978年或983年，是钱俶写给亲近叔辈家属的回信，其内容表露出纳土归宋后，在汴梁城屡次风疾复发，烦躁、病痛的生活状态。钱俶草书手简与唐昭宗赐第一代吴越王钱镠金书铁券之明代木刻拓印本、朱熹六月五日帖以及宋元明清民国五朝四十九人的观款和题跋，合成了将近十二米的长手卷，出现在2015年嘉德春拍上。

《中国法帖全集》收录的是上海博物馆所藏《汝帖》。收在汝帖中的这首钱俶自书诗，跟《全唐诗》的文字有很大出入，多字漫漶难辨，且有残缺。帖文如下：

檐庑重重翠幕遮，搜寻唯此绝喧哗。

介开日影怜窗眼，穿破苔纹恶笋芽。

曲槛晚宜烹露茗，小池寒欲结冰花。

谢公未是深□量，犹把戎机局上夸。

此作在《绛帖》里是后十卷中“历代帝王书第二”，收入《汝帖》和《兰亭续帖》中诗题皆为“书院偶成诗”。

《汝帖》与《淳化阁帖》《泉州帖》《绛州帖》并称为“四大名帖”。按照出处和传播次序，《汝帖》的地位不足以与其他三帖并列。北宋大观三年（1109）由汝州知州王采从《淳化阁帖》《绛州帖》及“三代而下迄于五季字书百家”中，选出先秦金文8种及秦汉至隋唐五代名家书法94种共109帖，荟刻12石，史称《汝帖》。

北宋淳化三年（992），太宗赵炅令出内府所藏历代墨迹，命翰林侍书王著编次摹勒上石于禁内，名《淳化阁帖》。此帖又名《淳化秘阁法帖》，简称《阁帖》，系汇帖，共十卷。第一卷为历代帝王书，二、三、四卷为历代名臣书，第五卷是诸家古法帖，六、

七、八卷为王羲之书，九、十卷为王献之书。宋太宗印得很少，只赏赐给皇亲国戚和中书省、枢密院大臣每人一套。可惜的是，数十年后，皇宫失火，刻帖的木板与所藏历代名帖原作悉数被毁。导致后来陆续有以初刻本为范本加以修订重摹的翻刻本出现，如庆历年间敕修的“银锭纹翻刻本”。2003 年，上海博物馆花 450 万美金从美国收藏家安思远手中买回的就是这个皇室翻刻本。而被汝州人视为市宝的《汝帖》，则是存世很少的地方官府翻刻本。

因为是翻刻，《汝帖》在碑帖如林的宋代并不出类拔萃。有研究者说，故宫博物院所存《汝帖》原石宋代拓片是最好的，我没有对诸版本进行比较。就我手头所有的《中国法帖全集》收录的上海博物馆所藏《汝帖》而言，确实刻工笨拙笔锋无力。在祖帖《淳化阁帖》等相对容易见到的宋代，它受冷落是合乎情理的。但经历了战乱和朝代更迭，金、元两朝对汉文化破坏严重，到了明清时期，在别的碑帖保存不全的情况下，《汝帖》受到了重视，流传全国，各地争相翻刻引用。

有研究者著文提到，汝帖中保留有两首孤本诗，“他书征引，皆据此帖”。除了吴越王钱俶的这首《书院偶成诗》(《宫中作》)，另一首是南唐后主李煜的《西方五言诗》。

我查考了一下，李煜孤本诗的说法不准确，汝帖第十二卷《唐迄五代七人书》中的李煜手迹行书五行四十字，其实是抄录陈子昂感遇诗三十八首之十九。全诗如下：

圣人不利己，忧济在元元。
黄屋非尧意，瑶台安可论。
吾闻西方化，清净道弥敦。
奈何穷金玉，雕刻以为尊。
云构山林尽，瑶图珠翠烦。
鬼工尚未可，人力安能存。

夸愚适增累，矜智道逾昏。

李煜抄录的是“吾闻西方化”到“人力安能存”这八句，上博版拓本已有多字缺脱，三四字泐裂，最后一句写作“人力岂能存”。现在已经难以考索，李煜是在何种境况下写了这八句诗，又是如何流传宫外，刻石入帖的。

汝帖在中国艺术界评价不高，长期湮没不彰。但是明清之际有一位大书法家，被称为“五百年来第一人”的王铎，对《汝帖》却情有独钟。

上博所藏《汝帖》其后有王铎跋曰：“庚寅夏，过退翁亲家，席上闻歌，酒斝近花篱之傍，再观此帖，喜意发扬，真乃希世之宝，超迈无伦。王铎。”下有阳文“铎”小印，及阴文“培风堂珍赏”大印。

退翁当指孙承泽（1593—1676）。孙号退谷，跟王铎一样，也是一位由明入清的“贰臣”。孙承泽通经史，喜收藏古董，精鉴赏书画，亦能书，家藏古帖颇多，其中有佳拓《汝帖》一册，其《闲者轩帖考》记载家藏古帖及平生所见佳帖，其中《汝州帖》一则，记其亲见王寀十二条刊石：“每帖后有汝州印。崇祯甲戌余游嵩山繇洛至汝，见帖犹完好不甚缺裂。”王铎与孙承泽时有往来，顺治七年夏又到孙家做客，索观《汝帖》并写了题跋，由“再观此帖”之语可以推想，王铎此前已在孙家观赏过《汝帖》了。

王铎传世临帖作品较多，现藏吉林博物馆的《临古帖手卷》，其中多有书家尺牍语辞，仅在《汝帖》中可以看到，可以推想其所“临古帖”即是《汝帖》。

宋拓汝帖因为在当时书家中口碑欠佳，被视为宋帖下品，因此椎拓者少，原石反而由此得以保存至今。但在明末清初，屡遭兵火，原石长期偃卧荒草之中，字体模糊难辨。道光十八年汝州州守白明义见石碑残缺，遂以重金从洛阳购得明代《汝帖》原拓片一部，选工匠重新刻石，又亲笔书写目录两卷。每卷后面都加有汝州官记，两年时间完成后，《汝帖》发展成二十块。“文革”之后，汝州文物部门的工作人员，各方搜集，几乎找全了汝帖刻石，保存在文庙中。

汝帖与汝瓷、汝石并称为“汝州三宝”，是汝州人言必提及的文化骄傲。今年四月中旬在汝州，我见识了冰清玉润“雨过天青色”的汝瓷，叹为观止。汝瓷位列宋代“汝、官、哥、钧、定”五大名窑之首，在中国陶瓷史上素有“汝窑为魁”之称，同行者观赏之后都感叹名不虚传。但行程匆匆，我没能到汝州文庙大成殿去亲眼见识一下《汝帖》的刻石，领略一千年前中国古人的书法神采，这是我此次汝州之行最大的遗憾。

2016年5月16日夜

惠州秀才苏东坡

苏东坡是惠州最重要的历史文化符号。荔枝红了的时节你若到惠州，当地朋友都会随口吟咏几句东坡的诗词，说几段东坡谪居惠州时的掌故。

在西湖边散步会想到东坡，参观朝云墓自然更会想到他。千年以后，东坡的人格魅力、文章神韵愈益彰显。我到黄州，到鄱阳湖，到常州，当地人都会把东坡的踪迹当作地方的荣光陈述一番。文人做到如此境界的，千古一人而已。

而东坡在惠州，是他人生晚年最困顿的一个阶段。有足够多的诗文函札，让我们了解他这一时期的心迹。

北宋哲宗绍圣元年（1094），五十七岁的苏轼被贬惠州。

在当涂听到贬谪惠州的消息，东坡随即就把家眷安排去阳羡，只带着小儿子苏过、侍妾朝云以及两个老女仆一同到惠州。来到这个传说中的瘴疠之地，发觉风土并不恶劣，他和苏过到了之后并没有水土不服，饮食也能习惯，官府百姓对他也不错。

东坡自己的心态也很好，在惠州绝弃世故，身心俱安，有朋友来信问候近况，他都说“起居佳胜”。小儿子苏过也能超然物外，东坡很得意地写信对朋友王定国说：“非此父不生此子也。”“南北去住定有命，此心亦不念归，明年买田筑室，作惠州人矣。”东坡对自己的心态也有过内省，他在另一封给王定国的信中说：

某一味绝学无忧，归根守一，乃无一

可守。此外皆是幻。此道勿谓渺漫，信能如此，日有所得，更做没用处，亦须作地行仙，但屈滞从狗窦中过尔。

并引孔子的话以自况：“不怨天，不尤人。下学而上达，知我者，其天乎！”

谪居惠州期间，东坡自在安静，恬适自足，然终不免寂寞冷清。

有两拨亲友先后来到惠州，给他的谪居生活带来了欢快。

一是他的表兄兼姐夫程之才（程正辅）的到来。程之才是东坡的舅舅程浚的儿子，娶东坡的姐姐八娘为妻，生有一子。因为公公婆婆不疼爱，八娘十八岁就因病去世，东坡父亲苏洵既痛又恨，宣布与程家断绝往来。后来程之才与东坡都中了进士，同在朝廷为官，但从不往来。因为王安石推行新法，苏轼属旧党，程之才属新党，恩怨随之加深。宋哲宗赵煦亲政之后，改元绍圣，章惇拜相，将昔日好友、后来仇敌苏轼贬逐至岭南惠州。

此后不久，程之才任广南东路提刑。东坡不知道这位表兄兼前姐夫对自己的态度，就请广东程乡县令侯晋叔先就近在广州探询程之才的心思，没想到程之才对这位表弟兼小舅子非常关切，托侯晋叔转达问候，并且说将亲赴惠州。东坡获知问候，于是修书一封，致意程之才：

> 某启。近闻使旆少留番禺，方欲上问候，长官来，伏承传诲，意旨甚厚，感怍深矣。比日履兹新春，起居佳胜。知车骑不久东按，倘获一见，慰幸可量。未间，伏冀万万以时自重。谨奉手启。不宣。

意犹未尽，随即又写了第二封：

某再启。窜逐海上，滨况可知。闻老兄来，颇有佳思。昔人以三十年为一世，今吾老兄弟，不相从四十二年矣，念此，令人凄断。不知兄果能为弟一来否？然亦有少拜闻。某获谴至重，自到此旬日，便杜门自屏，虽本郡守，亦不往拜其辱，良以近臣得罪，省躬念咎，不得不尔。老兄到此，恐亦不敢出迎。若以骨肉之爱，不责末礼而屈临之，余生之幸，非所敢望也。其余区区，殆非纸墨所能尽。惟千万照悉而已。德孺、懿叔久不闻耗，想频得安问。八郎、九郎亦然。令子几人侍行？若巡按必同行，因得一见，又幸。舍弟近得书云，在湖口见令子新妇，亦具道尊意，感服不可言。

绍圣二年三月初，程之才如约来到惠州，东坡派苏过去迎接。老兄弟四十年后相见，感慨又伤感，相逢一笑泯恩仇。程之才给苏轼带来了厚重的礼物，在惠州逗留了十天。东坡与程之才互相唱和，程之才作桃花诗，东坡作了和诗，程之才再作。互别之后，东坡与程之才书信往来密切，叙旧、商讨、抒发感叹，乃至切磋酒量。

另一件让东坡欣喜的事，是他的长子苏迈携家眷到惠州。谪居惠州期间，长子苏迈被朝廷任命为韶州仁化令，这可能是朝中大臣默默的关照。分别三年的长子苏迈赴任，先从宜兴带着家眷到惠州，“老朽忧患之余，不能无欣然”。东坡喜欢陶渊明的诗，欢欣之余，次韵陶渊明《时运》四首写了四首四言诗：

我卜我居，居匪一朝。龟不吾欺，食此江郊。
废井已塞，乔木干霄。昔我伊何，谁其裔苗。

下有澄潭，可饮可濯。江山千里，供我遐瞩。

木固无胫，瓦岂有足。陶匠自至，啸歌相乐。

我视此邦，如洙如沂。邦人劝我，老矣安归。
自我幽独，倚门或挥。岂无亲友，云散莫追。

旦朝丁丁，谁款我庐。子孙远至，笑语纷如。
剪鬃垂髫，覆此瓠壶。三年一梦，乃复见余。

他将这组诗随信寄给朋友范纯夫。当年在京城，每次拜谒范纯夫，都见他儿孙绕膝，东坡甚是羡慕。他在信中特别吩咐范纯夫：我正在落难之中，畏惧人言，这些诗你就不要给别人看了。

家眷将至，东坡做好了久居惠州的准备，他在白鹤峰上古白鹤观地基上买了几亩地，建了二十间房子。白鹤峰在归善县东江畔（今惠州市桥东，市卫生学校内），高五丈，周一里。他在给毛泽民的信中说："新居在大江上，风云百变，足娱老人也。

有一书斋名思无邪斋，闲知之。”（苏轼文集，第1572页）

东坡在惠州期间，身体上最大的苦痛，是他久治不愈的痔疮。吃各种药都不奏效，他就从饮食上下手，不吃肉菜，断绝酸、苦、甘、辛、咸五味，每天只吃两碗清淡的面，一两杯炒熟的胡麻、茯苓粉。

这期间精神上最大的哀痛是侍妾朝云的去世。王朝云十二岁与东坡相识，追随陪伴东坡二十余年，虽然一直没有正式的名分，却是东坡精神上的好伴侣。东坡四十六岁时，朝云生了个儿子，东坡非常疼爱，取名苏遁，小名干儿，可惜干儿不足一周岁就中暑不治，东坡极其哀痛，作诗两首纪念，苏辙也作了两首诗安慰东坡。

王朝云在惠州时遇瘟疫，身体虚弱，到惠州第三年就去世了，殁年仅三十四岁。东坡作《悼朝云》诗，诗前有引：“绍圣元年十一月，戏作《朝云诗》。

三年七月五日，朝云病亡于惠州，葬之栖禅寺松林中东南，直大圣塔。予既铭其墓，且和前诗以自解。朝云始不识字，晚忽学书，粗有楷法。盖尝从泗上比丘尼义冲学佛，亦略闻大义，且死，诵《金刚经》四句偈而绝。”

朝云在惠州曾拜当地名僧为师，做俗家弟子。临终前她执着东坡的手念诵的《金刚经》四偈：“一切有为法，如梦幻泡影，如露亦如电，应作如是观。”如今写在西湖边朝云墓两侧石屏上。

虽然谪居千里之外，东坡的心曾经在东京都城，期待君王开恩招归，像当年的杜甫一样：“夔府孤城落日斜，每依北斗望京华。”（《秋兴八首》之二）朝云之死，以及北归无望，让东坡一颗不安稳的心渐渐安放下来，准备久居惠州。东坡在写给程之才的信中说：“某睹近事。已绝北归之望。然中心甚安之。未说妙理达观，但譬如元是惠州秀才，累举不第，有何不可。知之免忧。”（《苏轼文集》卷五十四）

东坡是善于宽解自己的：不能再北归，就当我原本是惠州的一个秀才，屡次考试中不了举，只能终老乡里。这样又有何不可呢？

元丰八年（1085），东坡写了一首词《定风波》，词前有序：

王定国歌儿曰柔奴，姓宇文氏，眉目娟丽，善应对，家世住京师。定国南迁归，余问柔："广南风土，应是不好？"柔对曰："此心安处，便是吾乡。"因为缀词云。

常羡人间琢玉郎，天教分付点酥娘。自作清歌传皓齿，风起，雪飞炎海变清凉。

万里归来年愈少，微笑，笑时犹带岭梅香。试问岭南应不好？却道，此心安处是吾乡。

"此心安处是吾乡"，或许是柔奴所言，说到东坡心坎里去了，或许就是东坡的心声。

东坡的超脱，除了他和朝云与僧佛往来密切所受熏染，也可能与他喜爱的诗人陶渊明的隐逸思想相关联。唐朝归趋佛老、效法陶渊明生活态度的白香山有几句诗：“无论海角与天涯，大抵心安即是家”；“身心安处为吾土，岂限长安与洛阳”；“我生本无乡，心安是归处”等，东坡表达的正是与白居易一致的志趣。

惠州时期，东坡读得最多的是陶渊明的诗文。宋代以前，陶渊明还只是中国文学史上名声不彰的隐逸诗人，钟嵘《诗品》将他列入中品。到了北宋，经过欧阳修、苏轼的推举，陶潜成为两晋第一大文豪。东坡称陶渊明诗“质而实绮，癯而实腴”，真心喜爱。在惠州的某天，东坡读了陶渊明所作外祖《孟嘉传》句：“凯风寒泉之思，实钟厥心。”凛然有感，于是作文，记外曾祖程公逸事。

绍圣元年十月二十二日，东坡初到惠州，写了篇短文：“乐天作庐山草堂，盖亦烧丹也，欲成而炉鼎败。来日，忠州刺史除书到。乃知世间、出世间事，不两立也。仆有此志久矣，而终无成者，亦以世间事未败故也，今日真败矣。《书》曰：‘民之所欲，天必从之。’信而有征。”他不出世，只因为世间事未败；若难以进取，便有出世之志。

复杂的文化体验，让东坡在出世入世之间徘徊，然而也进退有据。他入世时能有所作为，做一个让杭州人千年难忘的太守；出世时也能安心做一个惠州秀才，修几间屋，练习酿酒，采菊东篱，浑然忘言。

2016 年 7 月

徐霞客如果到环江

一

在环江，最先让我们兴奋的是公路两侧山腰间连绵的雾岚。

从南宁出发经过四个小时的车程，进到环江县境内。在服务区休息，环望四周，都是桂林那样一个个独自兀立的山峰，不很高，但是半山腰就笼罩了雾气，遮没了山顶，与天相接。

我客居北京三十余年，不太记得北京有没有过那种充满水分、让空气湿润、呼吸清爽的浓烈大雾。

自2008年奥运会前后北京产生了新生事物——雾霾之后，真正的雾，就从我们的记忆中消失了，或者说被替代了。

有科学研究证明，在人的记忆里，气味是留存最久的；一种熟悉的气味，能勾起人的回忆，回到早年的场景。它甚至是小说中意识流的主要触媒，据说普鲁斯特当年写《追忆逝水年华》，就是凭着气味追忆往昔的。

离开北京奔赴环江的那天清晨，北京正下着小雨。我妻子常常说，你一离开北京，北京就下雨了，或者下雪了，言下颇替我遗憾。冬春时节北京风大气燥，近些年又不断受雾霾侵扰，所以下雪天、下雨天在北京居民眼里几乎就是节日。有了微博微信，进入自媒体时代，冬天一下雪，每个人都兴高采烈地拍雪景发照片，满屏都是赞叹和欣喜。尤其像我这样小时候生长在江南，成年后定居在北京的新移民，天降雨雪如同开启了一条通往幸福的秘密道路，由此得以回返少年时光，重温多情岁月。

不远万里到达环江，这边却是天朗气清，春风吹拂。东道主很欣喜地说，前几天环江都是阴雨绵绵，你们刚来天气就晴朗了。

我的内心居然有隐隐的遗憾。我在想：徐霞客当年在环江，可都是阴雨绵绵啊。

每次出远门，到远离北京或者远离我的苏南故乡的地方，尤其见到中国东南、西南部僻远的山水名胜时，我就止不住地会想：徐霞客有没有来过这里？

徐霞客是江苏江阴人，我的小同乡。他的出生地江阴马镇（现在归入徐霞客镇）与我的家乡江阴德积镇（现属张家港市）相距不过三四十华里。他是明代著名的旅行家，进入中学课本的伟大历史人物。

1998 年夏天，我在大雷雨天气里，等待一下午、一晚上，于午夜飞到武夷山。次日游九曲溪，于佳山胜水间赫然见一石碑，上书徐霞客的《游武彝山（武夷山）日记》中的段落。这意外的发现让我甚为惊讶叹服，对这位明代同乡也充满好奇。

同年秋天到丽江，我们坐着范稳兄驾驶的捷达车，沿着尚未正式开通的楚大高速公路到达大理，再走了数百里盘山公路到丽江。彼时丽江尚未名声大噪，游人大多来自云南本地。此前我编发过诗人于坚的一篇散文《高原上的高原》，说是丽江这边的鱼都是傻的，不避游人，因为以前没人捕鱼，鱼的身体里还没有恐惧的基因。在这离江苏江阴四千里的地方，在纳西木氏土司的豪宅门口，白墙上赫然写着《徐霞客游记·滇游日记》中的句子："木氏居此二千载，宫室之丽，拟于王者。"

此后在黄山，在曲靖珠江源，在雁荡山、庐山、天台山……我都有类似遭遇。以至后来每到一个地方，我都会不假思索地认为：徐霞客或许已经来过这里。

二

北京到南宁直线距离两千五百公里，飞机三个半小时行程。南宁到环江三百公里，汽车走高速将近四个小时。

但是我的明朝老乡徐霞客，每到一处几乎都是徒步旅行。1637 年农历闰四月初，徐霞客在游历了浙江、江西、湖广之后，由湖南入广西，历游全州、兴安、桂林、永福、柳州、柳城、融县、象州、武宣、桂平、陆川、玉林、北流、容县、贵县、横县、邕宁、南宁、隆安、天等、大新、崇左、扶绥、宾阳、上林、忻城、宜山、河池、南丹等地。1638 年农历三月底，从南丹入贵州。徐霞客在广西待了整整一年，走遍广西大部分地区。这些行迹，他都记录在四篇《粤西游日记》中。

河池、南丹都在环江的周边，游记中多次提

到的荔波、思恩也与环江有关联。明代正德元年（1506）之后，环江主体所在的思恩县和洪武十七年（1384）析思恩县西北部建置的荔波，都归属庆远府河池州。荔波在清雍正年间改属贵州行省都匀府。环江现在的首府所在地就叫思恩镇。据此推测，徐霞客或许到过如今的环江境内，或许与如今的环江县境擦肩而过。

戊寅（1638）三月，徐霞客准备从广西入贵州，“初六日以一书畀吴守备，得其马票。韦亦为余索夫票于戚挥使。以为马与夫可必得，及索之，仍无应者。是日斋戒而占，惟思恩可行，而南丹不吉。其杨生之同行，亦似虚而不实。初七日索夫马仍不得。杨姿胜来顾，乃阿迷州杨绳武之族也。言其往黔尚迟，而此中站骑甚难，须买马可行。余占之，颇吉。已而冯使以一金来赆，侑以蔬酒，受之。既午，大雨倾盆，欲往杨处看骑，不果行。下午雨止，余作一柬，托陈君仲代观杨骑。是日为谷雨，占验者以甘霖为上兆，不识吾乡亦有之否也？”

在异乡行旅，如此艰难曲折，既因道路险阻也因人事繁复，于是占卦吉凶。初六占卜是南丹不吉。“十四日以月忌，姑缓陈君行。余卜之，则南丹吉而荔波有阻。及再占，又取荔波。余惑终不解。乃出北门，为北山之游。”山路崎岖，又风雨泥泞。徐霞客在思恩、南丹、荔波间徘徊犹豫的情景，由此可以想象。

在《粤西游日记》《黔游日记》中，常常是某日“雨霏霏”“夜雨达旦”“雨渐止”“雨不止而势少杀”，这跟我印象中的黔桂“天无三日晴，地无三尺平”是一致的。但我在环江逗留的这三日，居然一直是难得的晴天。

即使是晴天，雾岚也依然在阳光下的山腰间袅娜升腾，这就是水汽弥漫的南国，雨露阳光万物生长的南国。

三

旅游是到一个初看有爱乃至久看不厌的地方去。旅游重在游，目的地是唯一追求。

旅行是到一个新鲜陌生的地方去。旅行重在行，目的地固然重要，但沿途所见皆是不可省略的风景。

徐霞客是个旅行家，不是个旅游者。他由湖南入广西，由南丹入贵州，在广西待了一年，但广西也只是他三十二年游历生涯中的一站。现在难得还有这样一站一站一路走来的旅行家，多的是车机疾驰直奔目的地的游客。高速铁路开通以后，我们凭窗而坐欣赏沿途风景的乐趣也失去了。

作为旅游目的地，环江还缺乏强大的吸引力。其原因一是对外省的人来说，环江地处偏僻，路程遥远；二是环江的名声还不显著，磁场不强，吸引力也就不大。关键是第二点，如果是黄山、长城，路程再遥远，游客还是会不辞烦难地奔赴而来。

环江的朋友们说，荔波已经在扩建机场了，以后不必坐飞机到南宁再坐车三百公里赶过来。荔波虽然属于贵州，但在地理上与环江是山水一体的兄弟区域，历史上还长期属于同一建制。两县气候、景观相似，都是典型的喀斯特地貌，都有水量充沛、各种落差的瀑布。在新世纪之初，荔波偏处贵州西南一隅，还默默无闻。2005 年我参加一个新闻采访活动到荔波，从贵阳到荔波经过的路途比南宁到环江还要曲折漫长。这一年《中国国家地理》杂志评选中国最美的五十个地方，荔波以喀斯特地貌入选。在入选名单中荔波是最新鲜、最陌生的名字，因而也是最受关注最吸引眼球的。记得那期《中国国家地理》刚出现在北京的报摊上，就有很多朋友询问：荔波在哪里？

现在荔波俨然已经成为贵州除黄果树瀑布之外最重要的旅游目的地了。

环江有与荔波、桂林同样的喀斯特地貌，奇峰兀立，有天坑，有地下溶洞，有千姿百态的钟乳石。木论喀斯特国家自然保护区更是生物多样性的典范区域。

环江植被葱茏，常年雨量充沛，大小瀑布众多，瀑布宽者如天垂白练，疏者如水晶珠帘。明伦镇的牛角寨瀑布，高下参差，或宽或窄，置身其下顿入清凉境界。蓝天丽日，空气清新，有科研部门统计，牛角寨景区负氧离子每立方厘米最高可达 2.6 万个。广西的巴马是著名的长寿之乡，也以负氧离子充足而闻名；就空气质量而言，环江或许不输巴马。

多达万亩的龙岩朝各草甸，是罕见的高山草原。驯乐苗乡梯田，月亮山，中洲河，江色峡谷……这些还没有进入搜狗输入法词库的神奇景观，如若放置在通衢旁的任何一处，都会是游人如织的著名景点。但是在中国的西南部，在黔桂交界地区，它们都只是众多景色的其中之一。所谓奇观美景，都是相对于周遭景色而言的。

木论保护区内有一条长达二十五公里、横跨黔桂两省的古代商道，被称为南方的丝绸之路。我们在这条苔藓斑驳的古商道上攀登了五六公里，过了两个关口，道上坚石如翁妪齿牙错落不整，有马蹄踏过的洼坑，也有少量平整的石板。走过这些崎岖道路，众人已经有些吃力，在关口稍息后，便乘兴而返。沿着商道再往前走，应该就是贵州的荔波了。我抵达这两个先秦同属象郡，明朝同属思恩县，现在分属贵州、广西的两个县，前后隔了将近十二年。同游荔波的诗人、书法家汪国真先生，前年已经遽归道山。十二年对天地山河而言，只是须臾一瞬间，对人生而言，却是巨大的跨度。

当年徐霞客辗转河池、南丹之间，走的也许就是这样崎岖的山道，甚至可能更加险峻："循东崖溯流上，升陟三里，渡溪而北，逾一坡而下，见东峡石壁危削，上有穹岩，下有骈峡，但闻水声喧甚，以为自堕峡而下也，而旁眺不见影。”(《粤西游日记》之四）在三十多年的旅行考察中，他主要是靠徒步跋涉，连骑马乘船都很少，还经常自己背着行李赶路，有时不巧连寄宿的客栈都找不到，找到住处歇下脚来，也是“炊粥为餐，席板而卧”。相较吾乡先贤的旅行，我此刻的游赏实在是轻省之至。

四

《小说选刊》杂志这次在环江高中有一个“让小说走进人民”讲座，大礼堂坐了千余名学生，一张张都是年轻纯真充满向往的脸孔。孩子们普遍个子不高，但眉清目秀，透着聪明劲儿。据说环江高中教育质量远近闻名，很多附近县市的学生都到这里来就读。

如果在徐霞客时代，环江一个乡试得中的举人要赶在第二年春天到京城参加会试，南京也就罢了，若是在北京，大概在中举当年的秋天就要动身赴京了。

徐霞客是乡试不中后绝意于仕途的，普通士子恐怕难以放弃功名利禄之心。若是出师不利，三年一轮回，读书人将在往返京城的路上常年颠簸，随年华老去。

明代书画家文徵明从苏州到应天（南京）参加乡试，九试不举。苏州到南京如今只是不到一小时的高铁路程，在明代却是两天两夜的水陆兼程。

现代文明改变了人们对时空距离的理解，一切都变得轻快便利。但我们的生命体验并没有增加，甚至会因为过于丰富驳杂而失去深度，活在轻浮的状态中。

当然现代文明的意义不只是衣食住行，民风民俗、人文素质或许是更重要的衡量指标。徐霞客到达思恩、南丹时，黔桂虽已不是蛮荒之地，但地处边鄙，原住民（“土蛮”）粗野，部族之间还不时有战争，这也是他路途上的风险之一。

戊寅（1638）三月十三日，徐霞客在德胜镇，当地的指挥使刘弘勋对他说：“去南丹州的路大而远，只是土司家中出了变乱。崇祯九年冬天，土司莫极因为母亲过生日，他的弟媳入府贺寿，莫极奸污了她，那是他三弟的妻子。三弟因此与四弟都不平，共同作乱。莫极逃跑到那地州。后来，下司即独山州的烂土司，从前被南丹州害苦了，崇祯十年九月间，也乘机报仇，那一地区大乱。两个弟弟从下司借来一万人围攻南丹州，莫极率那地州的兵前来救援，他的三弟逃奔到思恩县，四弟逃到上司，莫极这才返回州城。十二月，莫极聚集了本州的兵马，在思恩县逮捕了三弟后把他囚禁起来。今年春天，府中派遣戚指挥使前去南丹州进行调解，三弟得以不死，但在上司的四弟，还依旧虎视眈眈。去下司的路不通；经由荔波县走，路近但山险，瑶族人、壮族人时常出没。思恩县西部边界上有个河背岭，极高峻，是艰险可怕的道路，终日无人，往西走到茅滥然后进入荔波县境内，才能征用脚夫前去。但这条路必须人多才能走。”刘指挥使讲的这段掌故，在生于苏南鱼米之乡的徐霞客听来，不啻惊险刺激的传奇故事。

环江现在是毛南族自治县，汉族、毛南族之外，瑶族、壮族（即《徐霞客游记》中的“瑶僮”）或许也有不少，沿途所见，民族间互相友爱，人民和谐相处。各民族的婚丧嫁娶之仪规，宰牛、祭祖、痛饮、共舞的习惯，民族的手工艺，都保存完好，也成为游客观赏的各类项目。

地球村时代四海一家，现代人得到了便捷，不再有用脚步丈量土地的艰辛，也因此不会再一步一景总有惊异的发现。蛮荒之地的传奇，永远只是历史的传奇、纸上的传奇了。现代人或许还会有新的传奇，人生或许会更浓缩、更高效，但古人的专心和坚韧依旧是令人向往的珍贵品质。

如果没有飞机，没有高速公路，我此生大概不会到环江。环江的风景、民俗、饮食、气候，迥异于我的故乡苏南地区，或者我成年以后定居的北京；环江的一切对我而言都是新鲜的异质文化，即使千里迢迢来到此地，也深感不虚此行。

2017 年 5 月

清流的梨花

一进入三月，李洱兄就召唤我去湾子种树。湾子是我们共同的小区，全名丹佛尔湾，产权证上的大名是京都影视城花园小区，在河北涿州码头镇，中央电视台涿州影视城的隔壁，几位文学界的朋友在此买了房子。虽然僻处乡间，远离京城，但房前屋后都有大小不等的土地，还有宽窄不同的河道，这样的宅院可以满足大家养花种菜的农耕愿望。

李洱兄让我从他家院子挖走一棵花椒树，说是一共两棵，间距太近不便于生长，又把果树公司赔偿给他的一棵苹果树也送给我。装修工长老郭还帮我种植了七八根竹子，据说竹子的根在地底下蹿得很快，过不了几年就是一片竹林。有了几棵树、几竿竹子，荒芜的院子也因此隐隐有了几分生气。

三月中旬梨花已经开了，雪白粉嫩，照亮了灰暗一冬天的北方景色，我打心眼里喜欢。我随意提了一句，是否来一棵梨树，他俩不置一词，用沉默做了否定。当然我也知道，自古以来宅屋周围一般不种梨花。一是梨花纯白，不是喜色；二是“梨”谐音“离”，也不太吉利。只是春天的梨花实在魅惑，让我不由得心生念想。

相隔不到一周，我就在成都市新都区的清流镇，饱赏了一次梨花。

与作家朋友们到达的那天，清流镇的第六届梨花节已经开幕一周，但田野中几大片上万株梨花，正是开得浓烈，树枝上的新叶嫩绿中带着浅黄色，大小不一的花骨朵爬满枝条。梨花的花期有十余天，从第一朵初开到最后一朵凋落，有大半个月时间，观赏期长于樱花、桃花。

梨花苑的另一边，金黄的菜花在炫耀着它的生命力，昭示它的存在。农户菜园子里的豌豆尖已经过季了，但我看到它还是很欣喜。多年来我秉持一个偏见，把川菜馆有没有豌豆尖当作是否正宗川菜的检验标准，而且须是四川运过来的嫩豆尖，不是北京市场买到的经络太多的瘦豆尖。

四川被称为天府之国其来有自，清流镇所在成都平原上，江河水清澈丰沛，土地肥沃，蔬菜果木粮食无不茂盛丰收。我不禁联想，蜀国二世、扶不起的阿斗刘禅在亡国后迁居洛阳，回答司马昭问话时居然说："此间乐，不思蜀。"究竟是大智若愚明哲保身的托词呢，还是真的没心没肺地忘了物产丰饶的蜀国故土？

清流镇是中国现代文学史上著名的"流浪文豪"艾芜的故乡，这也是清流镇最引人注目的人文亮点。清流镇的人们在介绍他们的大文豪的时候，可能会被问起一个尴尬的问题：故乡是这么美丽，这么诱人，为什么艾芜先生居然二十出头就离开故乡到南方漂泊呢？

2005年，当时我在北京十月文艺出版社当副总编辑，出版社的“中国现代作家传记丛书”新增了一本《艾芜传》，我恰好有机会边审边读，深度了解一下这位久闻大名却并无认知的著名作家的生平。

艾芜的后半生令人唏嘘。“文革”初期，患精神分裂症的长女不堪政治运动喧哗扰乱，自杀伤亡。次年艾芜被抓进寺庙改建的临时监狱，一直关押了四年。“文革”结束，百废俱兴，文学也迎来了春天。艾芜写了多年的长篇小说终于出版，但是时代的印痕太深，小说的文学性受到读者的质疑。80年代初开始编辑，延续出版近十年的多卷本《艾芜文集》，印数从第一卷的一万余册，到最后几卷的数百册，冷热何其悬殊！这位文坛老将，在读者心中慢慢失去了往日的光芒。

从二十一岁离开成都清流漂泊南行，一直到“文革”前夕，四十年间艾芜一直在异乡行走，从滇东到滇西，到缅甸，到上海，到桂林，再到重庆，到北京。年过六十才回到成都定居。

家乡人民没有忘掉这位早年闻名天下的游子，并且一直以他为傲，把他作为家乡的靓丽名片。因为弟弟妹妹早夭，1965 年艾芜回故乡的时候，两处老宅早已易入他人之手，汤家祖坟（艾芜原名汤道耕）也在大跃进年代被夷为平地。艾芜逝世后，清流镇翠云村保留了艾芜的故居，并修缮开放。在新都区桂湖公园中的饮马河畔，距学士堰遗迹不远的翠竹丛中，有关部门修建了艾芜墓。

艾芜在清流镇的早年生活过得并不快乐，他 1935 年离开家乡远走高飞，直接的原因是为了逃离父母给他包办的婚姻，间接的，或许更深刻的原因，是家道逐渐衰落留给他的心理阴影。祖父是一生未考取秀才的读书人，父亲科举、新学都没有取得功名，艾芜在《我的幼年时代》一书里，记录了这个家族在清末民初动荡时世中的衰败之象。他幼年的快乐，主要来自课堂外自由的田野：

> 最好玩的，是站在由教室通到操场去那一节路上，因为地形处的高，可以把视线越过围墙，看到田野中去。我们小的人，在田野中的小路上走，只觉得菜花高过头，麦苗拂着脸，垫起脚尖，也望不到好远，虽觉好玩，但也有些闷气。而在学校的高处看来，却一切都改观了：一朵一朵的菜花，变成一大片璀璨的黄云；一株一株的麦苗，变成一大片青色的地毡。头上澄蓝无云的天空，也格外显得广大辽远了。远远散在原野中的竹树院落，也像教科书上的图画似的，极其好看地摆在眼前，使我在课堂里面受到拘束的心，感到无比的轻松和爽快，简直想

学庙后树林里那些鸟雀一样，闪着翅子，直朝广大的天野飞去。

这是春天的原野，艾芜的记忆中没有雪白的梨花，但有璀璨金黄的菜花，青色如毡的麦苗，澄蓝无云的天空……不到万不得已，谁愿意仓促之间背井离乡？即使要到更广大的世界，去追求未来的人生，那对故乡也是依依不舍，一步三回头。

艾芜幼年时期曾经被笼罩的时代阴云，家庭的悲苦，在清流镇如今的年轻人的生活中已经不复存在。在乌木泉，在泉映梨花景区，在菜花盛开的稻田时光艺术餐厅，在清流大书房，我们看到艾芜的晚辈乡亲们熙来攘往安居乐业的景象，富足和自信写在他们的脸上。清流镇的女当家人，年轻、俏丽的肖玉华书记，言语简洁，身上有一种超越她年龄的从容自信和素朴清雅的书卷气息。

我个人喜爱梨花，梨花雪白、清香，即使盛开也有一种清高自守的安静。梨花诗中，最爱的自然是苏轼《和孔密州五绝 · 东栏梨花》：

梨花淡白柳深青，柳絮飞时花满城。
惆怅东栏一株雪，人生看得几清明。

其次是黄庭坚的《压沙寺梨花》：

压沙寺后千株雪，长乐坊前十里香。
寄语春风莫吹尽，夜深留与雪争光。

有趣的是，东坡和山谷都把梨花比作晶莹剔透的白雪，雪易化花易落，东坡因此而惆怅，山谷因此而寄语东风。

梨花也常用于形容年轻女子，白居易《长恨歌》里的“梨花一枝春带雨”，是传诵不绝的千古名句。现代梅派京剧《大唐贵妃》主题曲《梨花颂》中的唱词，直接用梨花起兴作比：“梨花开，春带雨 / 梨花落，春入泥 / 此生只为一人去 / 道他君王情也痴情也痴 / 天生丽质难自弃 / 长恨一曲千古迷。”苏东坡调侃张先八十岁纳十八岁小妾，喻为“一树梨花压海棠”，则是反其道而用之，以梨花比喻白发老翁，以海棠比喻红颜女子。

梨花因颜色雪白受人称赏，但“皎皎者易污”，且“梨”字又谐音“离”，所以梨花的美丽皎洁中，总含有令人惋惜的成分。

梨花洁白如雪，清香入脾；梨果可以生食，还可用于酿酒，制作梨膏、梨脯。梨花梨果都可入药，有润肺、化痰、止咳和解酒等功效，冰糖炖梨是传统的美味药膳。梨树如此美丽且又实用，中国大部分地区居民庭院却不栽种梨树，只是因为广为流传的迷信。民间有种说法，“五树进宅，人穷家败”，五树是指梨树、松树、柏树、桑树、柳树。

中国民间关于种植的迷信由来已久，有将桑树、柳树、杨树（或榆树）、槐树、苦楝树称为“五鬼木”，还有“前不栽桑，后不栽柳，园中不栽鬼拍手（杨树）”“前不杨，后不柳”等多种俗谚。这些基于习俗和谐音形成的心理忌讳，因时而异因地而异，也没科学道理。我的老家苏南农村，许多人家都种着桑树，孩子们夏天喜欢摘桑葚吃，吃得嘴唇紫红；院子里偶尔长出棵苦楝树，也并不亟欲除之。广东人家院子里常见罗汉松，当地谚语是“家有罗汉松，世代不受穷”。东亚地区中国传统文化影响较深的地区，比如中国台湾、日本、韩国，庭院置景讲究栽松，日本有钱人家院子里爱种景观松，北京故宫御花园里也种植了数不清的松树柏树。

云南很多人家的院子里都种梨树。军旅作家彭荆风有一篇被选入初中语文课本的小小说《驿路梨花》，在梨树林边有一座草顶、竹篾泥墙的小屋，照看过小屋的哈尼族姑娘的名字就叫梨花。可见云南地区的百姓尤其少数民族对梨树、梨花的喜爱，毫不忌讳。

这次在新都区，意外的收获是有机会参观升庵生平馆。明代百科全书式的大文人杨慎（1488—1559），字用修，初号月溪、升庵，又号逸史氏、博南山人、洞天真逸、滇南戍史、金马碧鸡老兵等，四川新都（今成都市新都区）人，祖籍庐陵，与解缙、徐渭并称明代三大才子，且位于三人之首。杨慎以《临江仙·滚滚长江东逝水》一词为后人熟知。1994年秋天，我在海淀图书城中国书店的特价书架五元五角购得上海古籍出版社的《杨慎学谱》，它成了我近年写作《文徵明传》重要参考书之一。杨慎生年稍晚于文徵明，两位大文人仕宦京城期间有过交集，此后还互通音问。这次在升庵生平馆获赠厚厚一本《伟大哲人·纪念杨升庵诞辰530周年学术论坛文集》，其中或许会有诸多有价值的资料。

杨慎著述宏富，现存诗作约2300首，因为生平经历曲折，诗作的题材也很广泛。充军居滇三十余年，所以诗作中多有“思乡”“怀归”之意。

升庵诗作中也写到了梨花，这首《寒食见梨花》颇见闲情逸致：

寒食村藏寺，晴光水见沙。老僧闲贝叶，邀客看梨花。

尘外冰壶莹，风前玉树斜。洗妆犹待雨，春态倚云霞。

另一首词《落灯风·正月十七日留简西峃》，道出了他羁留云南期间，安心认命、且把他乡当故乡的心境：

柳外落灯风乍起。杏靥梅钿纷堕蕊。

彩架阁秋千，红绳紧、香尘满地。春一分休矣。

银塘初暖湔裙水。催莫愁、兰舟遥舣。

沽酒趁梨花，听双歌、温柔乡里。且住为佳耳。

篇名中的简西峃是杨慎充军西南期间交往甚密的朋友简绍芳，自号西峃（xué），两人多次携手共游，饮酒赠诗，“十年羁旅共滇云”。

资料有限，我无法考辨杨慎这两首作品写于何时，尤其前一首是写于云南戍所还是故乡新都，抑或是早年写于北京。嘉靖五年、八年，杨慎两次从充军地云南永昌（今保山）回故乡新都，前一次是回故乡探望生病的父亲，后一次是回家为父亲治丧。嘉靖三十八年（1559）杨慎在永昌逝世，嘉靖三十九年（1560）庚申冬，杨慎的棺木附葬于其父杨廷和墓旁。

滇池边或者永昌戍所的梨花，与故乡新都的梨花，即或花期不同，那种洁白芳香是千里相通的。

“正当梨花开遍了天涯”，与雪争光的梨花，也如千里明月一样寄托了无限相思。

早年为寻找新路漂泊云南的现代文人艾芜，与因得罪皇帝中年充军云南他乡的明代文人杨慎，他们的归宿，都是回到故乡新都。故乡的梨花或许正是对天涯游子的颂赞与召唤。这恰巧应合了当代诗人杨炼的一句诗：“所有无人 / 回不去时回到故乡。”（《还乡》）

2019 年 5 月

文变染乎世情

——现代散文阅读札记

中国五四新文化运动洎今已过了一个世纪。新文化运动肇始于文学，文学的改良推进了社会的改良，如果说中国社会的近代化是从文学开始的，毫不为过。魏文帝曹丕在《典论·论文》中说：“盖文章，经国之大业，不朽之盛事。”他的弟弟曹植却说：“辞赋小道，固未足以揄扬大义，彰示来世也。”（《与杨德祖书》）这两位帝王兄弟的话语，若能辩证地理解，当能清晰地了解文章的社会意义。

闲暇时日，阅读现代诸家散文，虽不成系统，然一个世纪以来中国社会思潮的翻覆、文学风格的变迁已隐现其中。

雨天的情愫（梁遇春《春雨》）

梁遇春（1906—1932）在20世纪初战乱缤纷、政府频繁更迭的旧中国只生活了二十六年，存世的作品不过是结集为《春醪集》《泪与笑》两本小册子的三十余篇随笔，和数十篇译作，但他已经是中国新文学史上颇有成就、极具个人风格的散文作家，被郁达夫称为“中国的爱利亚（今译“伊利亚”）”。

伊利亚是近代英国随笔作家查尔斯·兰姆（Charles Lamb，1775—1834）的笔名。兰姆平生主要在东印度公司做职员，一生未婚，除了他和姐姐合著的由莎翁诗剧改写的散文体《莎士比亚故事集》之外，他在文学上的主要贡献就是两本随笔集：《伊利亚随笔》《伊利亚续笔》。兰姆的随笔主题多样，人生的各种经历遭遇，家长里短、生老病死，都可以成为题材，亲切的口语体诙谐幽默，对人性的弱点不时加以批评嘲讽，同时又对世人怀着博大的同情，洋溢着人道主义的宽容精神。

梁遇春毕业于北京大学英文系，他所追随的导师温源宁、叶公超等，都是中英文兼擅的随笔大家。梁遇春在大学读书期间，就开始翻译西方文学作品，其中以《英国小品文选》最为人称道；同一时期他兼写散文，文风深受近代欧美文学的影响，尤其是他所倾心的查尔斯·兰姆和哈兹里特（Hazlitt）的影响。

《春雨》是《泪与笑》中的一篇。像许多博学多才而俏皮的作家一样，文章中有一种陈言务去、词必己出的率性。一般人都喜欢晴朗天气，但是“我”独独喜欢春雨和春阴。这听起来似乎是一种怪趣味，不那么合乎人之常情，不那么“正确”，但是作者那一番解释，那一番演绎，让我们不仅认可他的怪趣味、怪思想是合乎情理的，甚至因为文章触发了我们的回忆，或者将我们曾经有过的某种隐秘的感受显扬出来，进而受文章所感染所鼓动，竟然接纳了他的思想和趣味，并把它作为正常情感之一种储存在我们的意识库里。

在第一句话亮明自己的观点之后，作者展开了连绵的联想，假设了各色人等在春雨或春阴中的姿态、心情和行为，把春雨带给人们的柔情和感伤写得纤毫入微、凉沁肌肤。第二段笔锋顿转，写春雨也有凶猛得有些煞风景的时候，就像人生不只是一马平川，也有抑扬顿挫，也有凤凰涅槃和醍醐灌顶的顿悟。第三段笔锋再转，说最妙的境界还是连续十几天的缠绵春雨，那种美妙是“我”在成长过程中慢慢领悟到的，可惜如今客居他乡，“小楼一夜听春雨”的快乐已经杳然远去了。文章也在这种惆怅怀恋中戛然而止。

梁遇春的散文随笔，不只有知识、见解，更难得的是趣味和情怀。如果不是生当乱世，如果不是英年早逝，“中国的伊利亚”或许会是中国新文学的大师巨匠，另一个周作人或梁实秋。

北国风光正苍茫（叶灵凤《北游漫笔》）

叶灵凤（1905—1975）的《北游漫笔》，除了少量句段谈到了天津，主要写的还是1927年夏天的北京。

1927年夏天的中国，大清渐远，民国初起，一切依旧是混乱无序。此前在上海租界内过着洋派生活、小开形象的叶灵凤，游历高墙深宫的老北京城，见识到的是另一番景象：王府旧址上未完成的建筑，琉璃厂的旧书和北京饭店的西书，沉默的西山和荒凉的颐和园；他卧病燕京大学，夜游中央公园，闲步北海公园……这个年轻人努力在这兵荒马乱中自存一点闲情逸致，但终究难以保持。北京茶馆酒楼和公园中“莫谈国事”的红纸贴，还有他特意去寻访“三一八惨案”的发生地，都让他顿悟置身于何时何地：“有一次雨天，当我从东交民巷光泽平坦的柏油大道上走回了我们泥深三尺的中国地时，我又不知道哪一个是该咒诅的了。”

南方人到北京生活，初时是不容易发生审美的，冬天的萧条枯索自不必说，即使在盛夏，树木浓荫遮地了，相比较南方夏日的丰腴华美，也还是单调贫瘠。北京之美，要到了一定年岁，经历了许多事情，才能看得出来，领会得到。

作者当时毕竟还年轻，审美上他虽然有很大的包容，但是对人生世相的领悟依然有牢固的藩篱：“我爱红灯影下男女杂沓酒精香烟的疯狂混乱的欢乐，我也爱一人黄昏中独坐在就圮的城墙上默看万古苍凉的落日烟景，然而我终不爱那市场中或茶棚下嘈杂的闲谈和奔走。”

这篇散文写得随性、散漫，没有讲故事的架势，也没有说服读者的激情，很简单随意地跟朋友聊天一般，讲述了一个南方青年在北方两个月的见闻，如何实现了他的北国相思梦。梦圆之日也是梦碎之时，这是一个民国青年的悲哀。

散文之美，当然在于它传达了新颖的思想、独特的经历和真切的感情；有了真实和独特，即使在形式上不够整饬简净，粗头乱服之中自有一种蓬勃的生命气息，一种原生态的野性之美。《北游漫笔》亦是如此。

叶灵凤先生在中国现代文学史上出名，是因为他年轻时话语轻浮，受到了鲁迅先生辛辣的讽刺，一度还被新中国的教科书注释为汉奸文人。他其实是一个很有才情的小说家、散文作家、插图画家，兴趣广泛，中年定居香港以后还成了著名的藏书家、书话作家。我本人在 1988 年读了三联书店出版的叶灵凤的两本读书随笔集，才修正了教科书上得来的关于他的印象。读《北游漫笔》，又见识了青年时代的叶灵凤。

了解一个陌生人，最好的方法莫过于读他的散文随笔。那是他心灵的秘密花园，一个人的学识、情感和趣味，在散文随笔中是无法掩藏、无法伪装的。

爱意充盈的小世界（许钦文《花园底一角》）

许钦文（1897—1984）的散文《花园底一角》，这篇堪称中国新文学初期散文标本一样的作品，对习惯于速读、浏览的当代年轻读者，是耐心和细心的严格考验。

《花园底一角》有着明显的时代特征。除了文章的用词——最显眼的是标题上的“底”，相当于今天我们用于修饰词后面的“的”，此外，这种意象密集的、静态的、工笔细描的写景散文，也是新文学初期才有的文章样式。现在已经很少有人写《花园底一角》这种风格的散文作品了。

将近三千字的篇幅，都是写某处花园一角的布局、景物，花草树木、水池的形态，此处也是水虱、蝴蝶、蜻蜓、蜘蛛乃至癞蛤蟆等小生物栖息繁衍的乐园。因为作者观察细致，童心未泯、爱心洋溢，这往往被他人忽视的花园一角，在他笔下竟也充盈着勃勃生机，小生物乃至花草树木都呈现着各自的爱愁悲喜，演绎着自己的生命故事。物象之繁杂，事态之细微，几乎到了“浓得化不开”的地步，但是读者在悠闲的时日、松弛的心态下，依然能够体会到作者灌注在散文里的柔情、爱意与惆怅。思想浅直单纯，一派新文学初期的天真气象，而隔着时间距离我们看到的，却是清新可爱。

文学与绘画是相通又相异的艺术。绘画最初的功用是描摹人与物，以存其真相，并传导给他人、异地或后世，所以早先绘画的最高标准，是逼真传神，穷形尽相。但照相机发明以后，传真与保存的难题已经被新技术轻易地解决，绘画标准由此发生巨大的变革，精细准确的描绘已经不再是绘画的使命和鹄的。文学的包容量要比绘画宽大得多，文学中的物象描写是为动态的人乃至演进中的故事服务的，物象描写一直是文学的重要手段，只是比例在不断缩小，这跟传媒发达、读者见多识广不无关联。

许钦文这个名字现在已经相当陌生。但在上世纪 20 年代，他得到鲁迅先生悉心指导扶持，文学创作成绩斐然，甚至被鲁迅作为“乡土作家”代表选进《中国新文学大系》。乡土作家对大地上的一切事物都有天然的亲近感，深情、念旧，因为热爱自然而热爱生活。俄罗斯近代文学就天然具有乡土文学基因，我们在俄苏文学作品中，经常能读到大段大段关于天空、旷野、森林、河流、道路的景物描写，辽阔而忧伤。《花园底一角》描写的只是方寸之地，一个微不足道的小世界，但作者在其中寄寓的情感含量丰富而广大。

30 年代初许钦文卷入一场离奇的三角恋爱，一度成为媒体舆论关注的焦点。他的妹妹许羡苏与鲁迅也有过交集。新中国建立后，许钦文只写了与鲁迅相关的一些回忆文章，去世之初有散文选集、小说选集刊行于世。因为鲁迅的巨大影响力，和他本人对新文学建设的积极参与，许钦文一直是中国新文学史不可忽略的重要名字。

轻盈的翅膀（冯牧《澜沧江边的蝴蝶会》）

中国西南边陲的云南省是一片神奇的土地，它的奇山异水、悠远历史、丰阜物产、多民族风俗，曾经吸引我的同乡、明代伟大的旅行家徐霞客，不远万里前来探奇，并写下了珍贵的《滇游日记》。

冯牧（1919—1995）先生是新中国当代文学界德高望重的领导人、著名作家，他军旅生涯中曾经有六七年在云南生活的经历，对这片神奇的土地也充满感情。《澜沧江边的蝴蝶会》是冯牧先生发表在《人民日报》上的散文名篇，一篇充满诗意的游记，后来得到吕叔湘先生修改润饰，收入中学语文课本。

云南多高山，山路多崎岖，即使走现代化公路，大理、版纳、橄榄坝这些地方也是寻常不容易去到的。这篇文章发表在五十七年前，云南的奇异风光对于当时绝大多数中国人还只是纸面上的游记和口头上的传说。而即使你居住在大理或者橄榄坝，千百万蝴蝶相会的盛景也是平生难得一见。因为教材里有了这篇课文，一拨拨数以亿计的中学生由此对云南的美丽风光心驰神往，对祖国大好河山满怀热爱。我本人从 90 年代初至今已到过云南不下四十次，蝴蝶泉、橄榄坝都曾数次游历，蝴蝶盛会却一直无缘见识。

因为现代传媒的发达，文字游记的很大一部分功能已经被音像多媒体所替代，因此隔了五十多年历史，现代青年读这篇散文，已经很难体会到作者此前的向往和好奇，以及当时亲眼见证蝴蝶盛会那种欣喜之情。

人民共和国建立之初，中国人民上上下下各行各业都对国家的前景充满了期待，作家们对新中国发出了由衷的赞美，热情歌唱祖国的大好河山。相形地，他们也自觉摒弃了旧中国文人普遍看重的个性和趣味，在语言风格上、思想趣味上、情感表达上都自觉趋同、渐臻一致。这是文学史上值得研究的一个现象。冯牧先生的这篇文章，作者个人的爱好没有表露，所使用的形容词、所抒发的情感都很普通而高大，如果遮上作者名字，确实很难辨别出是谁的作品。改革开放以后，受近代西方文艺思潮浸润、崇尚个性的批评家对这一现象评价偏于负面。但也有批评家看得更高远一些，甚至引用黑格尔的哲学思想，主张人都是历史的工具，为了一个崇高的目标，文艺家们可以暂时牺牲他们的个性和风格。

无论状写山川草木还是描摹莺歌燕舞，作者的思想趣味永远是散文的灵魂。在大一统的时代，人民的思想趣味相对趋同，但差异并非毫不存在；但是隔着时间的长河回望，这类文章的面目日渐模糊，辨识度也日渐趋弱。

蝴蝶的翅膀永远轻盈，思想的翅膀往往沉重。

大地与神坛（秦牧《社稷坛抒情》）

秦牧（1919—1992）是新中国前三十年和杨朔齐名的著名散文作家，他们各自有多篇作品被选进初中、高中课本，在课堂内外被精读、背与考试、解析，并作为现代散文的典范样本，受到年轻写作者广泛学习和模仿。他们的知名度和在普通读者中的受欢迎程度，是从民国时期过来的老一辈作家难以企及的。读他们的文章，你很难不被他们天真乐观的情绪所感染，很难不被他们纵横古今、开辟新天地的热情所激励。

新的国家，新的社会，需要建立新的文化，一切历史遗存都应该被重新审视、重新归类、重新书写。秦牧先生来到中山公园用五色土砌成的社稷坛，这是位于皇宫之右，明清两代祭祀社、稷神祇的祭坛。帝制时代赋予它的威严和神秘感此刻已消失无踪，当家做主的人民把它作为公园中的一个景点，在周围游赏嬉戏。

作者由社稷坛的五色土，谈到了大地的形成，谈到了泥土对于人类的意义，谈到了阴阳五行与中国传统哲学，谈到了国土的统一，谈到了中华民族子孙的自豪感……他把话题一层一层拓展开来，主题也因此由眼前的现实引向高远的历史。

虽然作者上溯先秦，纵论五行，但相对于历代帝王祭祀社稷时的恭敬凝重，民国文人游赏中央公园时的多愁善感，他的心情是明快的，笔调是轻松的。秦牧这一代作家在潜意识里已经摆脱了历史的包袱，张开胸怀毫无保留地拥抱全新的中国，“俱往矣，数风流人物，还看今朝。”

但天真乐观的作家们显然忽视了中国三千年文明史在国民精神生活中形成的深厚积淀，意识不到历史的阴云随时会笼罩神州大地。杨朔先生的散文曾经激发起千千万万读者的爱国情怀、家园之恋和生活热忱，他自己却在“文革”初期惨遭批判，因精神绝望而吞药自杀。

五色土的神坛早已改朝换代更换了主人，但国民心中的神坛却随时可能再次竖立起来。

《社稷坛抒情》里谈到的文化知识、引用的文史典籍，在信息传播快捷的今天，只是相当于写在导游手册上的普通常识。相较图书馆中、互联网上浩如烟海的文史知识，作者的旁征博引已不能让当代读者钦服。见多识广的新一代读者对散文的期待值已经大大提升。新世纪的年轻写作者在审美上与秦牧和杨朔、与《社稷坛抒情》式样的作品已经有很深的隔膜，这是社会的进步，也是文学的进步，我们无须为此遗憾和失望。

2018 年 1 月

几人曾见水流西?

——当代旧体诗词阅读札记

曾经在中国历史上作为主要文体盛行上千年的旧体诗词，新文学运动之后成为小众文体。虽然同道少，知音也少，但醉心于此的写作者代不乏人。1965 年，毛泽东主席曾说:“旧体诗词源远流长……（它）要发展，要改造，一万年也打不倒。因为这种东西最能反映中华民族和中国人民的特性和风尚，可以兴观群怨嘛！哀而不伤、温柔敦厚嘛！”（梅白《回忆毛泽东论诗》）

我担任《中华辞赋》总编辑期间，杂志也发今人写的旧体诗词，那些原先像鱼儿潜藏在水域深处的写作者，逐渐浮出水面，我也因此增添了不少新的阅读体验。适逢中国诗歌网邀我赏析今人旧体诗词，乃不揣谫陋，妄作解人。

一

曾拣阳光暖处栽，偶然调整下窗台。
始知移到阴凉地，才向人前淡淡开。
——郭庆华《家里吊兰花开了》

这首诗从标题到诗句真正做到了平白如话老妪能解，但细细琢磨又意味深长富含哲理。平仄不很符合七绝格律，称为古风更好。

吊兰四季常绿，容易养殖，环境适应能力强，而且能在光合作用下吸收甲醛等有害气体，所以是目前中国养殖最多的室内观赏植物，在居民家庭和办公场所往往能够遇见。吊兰在夏季或其他季节温度稍高时开小白花，不很惹眼，但也可观赏。

这首诗的字面意思很简单。作者家里养了吊兰花，特意放置在阳光充足温度较高的地方，家里某次收拾整理，无意中把它从窗台上挪下来，没想到吊兰到了阴凉的地方，居然悄悄地开花了。看来当初让它接近阳光希望它早日开花，其实只是一厢情愿。

这是日常生活中一个很小的发现，但是它普遍适用于人生中的多种场景、多种处境，因此这首诗字里行间潜藏的意义远远大于字面的意义。我们可以联想到，一个人在最显要的位置未必能做出优秀的成绩，反而在不起眼的位置上展示了他出众的才华，如此等等。

含有哲理或者禅意的诗歌作品，能指与所指并不对应，微言蕴含大义，言近但是旨远，说的是很切近的眼前事，言外之意却很玄远。文学理论中经常拿苏轼《题西林壁》举例："横看成岭侧成峰，远近高低各不同。不识庐山真面目，只缘身在此山中。”字面句句说庐山，全诗又岂止于说庐山？这首《家里吊兰花开了》，字面句句说吊兰，而整首诗的意义辐射既广且远，不止于吊兰，不止于养花。

禅宗公案有所谓当头棒喝，一旦领悟佛理便可以登岸舍筏、见月忽指。哲理诗或禅意诗与此不同，以事喻理，但不以理害事，事与理是相辅相成、互为表里的。善于思考联想的读者可以越过字面，发现普遍适用的大道理；如果普通读者只看到阳光冷暖吊兰开花，也是一样的完整自足，与作者一样心生欢喜。

二

做个神仙小梦，得窥云汉高天。诸峰作势欲腾骞。便成龙气象，终是道根源。

霜雪自添磨砺，竹松相对怡然。人生

不过百来年。且留三两日，细味五千言。

——忆雪堂《临江仙·冬日太和山小住》

太和山，就是位于湖北省西北部丹江口市境内的武当山，是中国最著名的道教圣地，古名太和山。武当山风景之美，道场之大，香火之盛，海内外有口皆碑。

传说是八仙之一的唐代吕洞宾就有一首诗《题太和山》，如此描绘这个洞天福地人间仙境："面朝大顶峰千丈，背涌甘泉水一湾。石缕状成飞凤势，龛纹绾就碧螺鬟。灵源仙涧三方绕，古桧苍松四面环。雨滴琼珠敲石栈，风吹玉笛响松关。角鸡报晓东方曙，晚鹤归来月半湾。谷口仙禽常唤语，山巅神兽任跻攀。个中自是乾坤别，就里原来日月闲。"可以推想，武当山也是清心悟道、休闲度假的好去处。这首《临江仙·冬日太和山小住》，顾名思义，写的就是作者冬天在太和山上小住一段时日的所见所思所感。

“做个神仙小梦，得窥云汉高天。”在道教第一山住着，逍遥自在如神仙，白日如梦，梦幻似真；山高直冲霄汉，仿佛伸手可以触天，睁眼尽览仙界。

“诸峰作势欲腾骞”。腾骞，向上飞腾，李白《书情题蔡舍人雄》有句：“层飙振六翮，不日思腾骞。”

“便成龙气象，终是道根源。”周围山峰昂首挺立，作势欲飞，其气象如蛟龙腾飞，这其实有赖于“道”作为源泉根基。龙是中华文化的第一图腾，道是中国文化最核心的概念。

“霜雪自添磨砺，竹松相对怡然。”两句明白如话。此处霜雪，字面上是武当山上的霜雪。武当地处亚热带季风气候区，常年降雨量充沛，冬天武当霜雪让千峰万壑银装素裹，玉树琼林美不胜收。霜雪也隐喻人上了一定年岁，鬓发斑白，如头顶飞雪。

“人生不过百来年。且留三两日，细味五千言。”虽在神仙境界，终究要回归世俗人生，即使长命也不过百岁，终日营营便忘却了根本。事务再忙，也须留出两三天时间，读读老子《道德经》，细细体味其中的微言大义。这首词标题写“太和山”不写“武当山”，正因为“太和”二字更古雅，也更接近老子五千言的精髓。

临江仙是双调小令，词牌起源据说跟江水、跟仙人有点关联，后来演变成单纯的曲调。但是后代作者写到江水，写到神仙，还是会下意识选择这个词牌。今天我们赏析的这首词，选用临江仙词牌，跟作者冬天住在太和山上，身处武当道场，或许也有微妙的关联。

这首词的精彩之处，除了超尘脱俗的气象，还在于对仗的巧妙。上片起首两句“做个神仙小梦，得窥云汉高天”，下片末尾两句“且留三两日，细味五千言”，都是上下相承的流水对，对仗工整而意义灵动连贯。上片末两句“便成龙气象，终是道根源”，下片首两句“霜雪自添磨砺，竹松相对怡然”，也不是静态的硬对子，前者有转折和因果关系，后者有微妙的递进关系。

临江仙词牌有十二三种格律，一般作者写临江仙都是双调六十字，上下片首句七字，第二句六字，如苏轼的“夜饮东坡醒复醉”、陈与义的“忆昔午桥桥上饮”便是如此，格律更显长短句的起伏跌宕抑扬顿挫。这首词采用双调五十八字，上下片各五句，三平韵，上下片第一、二句皆为六字，两结都是五字。八句成四对，正可以展示作者的律诗对仗才华。晏几道“梦后楼台高锁”便是用的这个格律，词中有“落花人独立，微雨燕双飞”“当时明月在，曾照彩云归”两个名句巧对。对仗不是为对而对，一说再说意在加强效果，正说反说符合阴阳之道，同时也可以将意思表达得更周密、更完备或者更辩证。

三

网中直怕惹波澜，知汝迩来情味酸。

从此蓬门长落锁，种花只许一人看。

——物眼春风《关闭空间后示妻》

我们必须把关于诗艺的探讨放在一边，来谈一谈这首如此充满时代性、如此坦率诚挚、如此接地气的七绝其中的思想内涵。

细读全诗，可以了解到标题所谓“空间”是近十年来中国人使用率最高的交流软件 QQ 的功能之一——QQ 空间。依照百度百科的最新定义，“QQ 空间（Qzone）是腾讯公司于 2005 年开发出来的一个具有个性空间，具有博客（blog）的功能，自问世以来受到众多人的喜爱。在 QQ 空间上可以书写日志，写说说，上传用户个人的图片，听音乐，写心情，通过多种方式展现自己”。

互联网是四海一家的开放社会，每一个拥有自媒体的人都自然成为大大小小的公众人物，交流方式的改变也往往导致人际关系的改变。这首诗是作者关闭QQ空间之后，向妻子表达忠心的作品。

“网中直怕惹波澜，知汝迩来情味酸。”这句诗前后句应该倒过来才能解释：我知道夫人您最近醋意很浓，所以我上网的时候小心谨慎，生怕发表什么不得体的言论让您不高兴，夫妻之间横生波澜。

“从此蓬门长落锁，种花只许一人看。”QQ空间本来是相对开放的空间，它可以向全体好友开放，也可以向特定对象开放；游客可以默默欣赏，也可以与空间主人交流互动。诗作者应该是一个在表达上具有感染力，在性格上具有亲和力的QQ空间使用者，他上传的文字或图片，赢得了游客的喜爱赞赏。或者他在生活中本来就是个受欢迎的人，爱屋及乌，某些游客尤其是异性游客对他的空间十分关注，留下了访问足迹甚至发表了评论，乃至发生了互动。作者的妻子了解到这些，很不高兴。河东狮吼，醋海生波。作者很在乎妻子的感受，关闭了空间。从此以后，他的文章、他的图片及音乐，都只让妻子一个人欣赏，或者夫妻共赏。

"蓬门"典出杜甫的《客至》："花径不曾缘客扫，蓬门今始为君开。"落花满地，从来不曾打扫，今天贵客您来了，特意打扫一下；蓬草编织的门户，以前掩闭着的，今天也特意为您打开。作者巧在用典故而反其意，"蓬门"不是为谁而打开，而是专门为老婆大人而关闭。

春色满园，深院高墙也关不住，红杏终究要越过墙头。但是蓬门一旦落锁，就是一道天然屏障，春意再浓，也只有院子的主人独自欣赏了。

这首诗短短四句，交代了关闭空间的前因后果，向妻子表达了忠心和决心，娇嗔怨憾四味俱全。有一丝丝无奈，也有一缕缕埋怨，还有浓浓的爱意。世上哪有不吃醋不生怨大公无私为而不有不计得失的爱情呢？男人顾忌老婆的感受，牺牲个人爱好息事宁人，应该算是一种美德。

中国旧体诗因为有悠久的传统，几乎无时不可以作诗，无事不可以入诗。相对而言，自由体的新诗，在记物叙事、应酬传情上就矜持拘谨得多。中国人历来信奉“家丑不可外扬”，妻子吃醋反酸算不上多大的丑事，但是《关闭空间后示妻》作者能坦率地写出来，也需要足够的勇气。

郁达夫发表《毁家诗纪》，家就真的毁了；诗是好诗，事是烂事。《关闭空间后示妻》既是向妻子的表白，也是向QQ好友无奈的宣言；接受现实，顾全大局，既是好诗，也是好事。

四

哀郢哀民空自伤，涉江惟见水茫茫。
秦谋列国生心久，楚梦高唐盼夜长。
渔父超然为避世，鸱鸮得势便欺凰。
龙舟看罢争强赛，只说盘中粽子香。

——冯延辰《端午怀屈子》

在端午节怀念投江而死的诗人屈原，在今人看来，似乎是理所当然的事情。抗日战争时期，民国文人一度把端午节径直称为诗人节。其实关于端午节起源的说法很多，据闻一多先生考证，最早把屈原跟端午节联系在一起的，是南朝梁时期文学家吴均的《续齐谐记》，这距离屈原在五月五日写下了绝笔之作《怀沙》之后，抱石投汨罗江自尽，已经七百多年了。还有一些偏重证据的学者，比如胡适先生，一直怀疑历史上是否真的有屈原这么一个人存在。但是如今，屈原已经成为中国文化的一个巨大符号，他的存在、他的文化地位以及对后世的影响，已经不容置疑。

《端午怀屈子》是一首七律。首联："哀郢哀民空自伤，涉江惟见水茫茫。"哀叹祖国哀叹民生，徒然独自伤心；在江边散步，只能看到白茫茫一片大水。《哀郢》《涉江》都是屈原《九章》里的作品。《哀郢》的内容是哀悼楚国郢都被秦国攻陷，楚王受辱，百姓流离失所。《涉江》是屈原晚年的作品，当时他被放逐江南多年，对楚国政治已深感失望。"哀民"是顺着"哀郢"而写出的词，也可以理解为典出屈原《离骚》中的名句："长太息以掩涕兮，哀民生之多艰。"

颔联："秦谋列国生心久，楚梦高唐盼夜长。"大意是：秦国吞并列国一统天下的野心由来已久，而楚人做着国家强盛的美梦还不愿醒来。屈原生活在战国末期，早年受楚怀王信任，做过左徒、三闾大夫，兼管内政外交大事，对列国之强弱了然于心，对秦国吞并楚国的野心也看得很清楚。出生晚于屈原四十二年的楚国辞赋家宋玉有《高唐赋》，写楚王在梦中与巫山高唐神女相遇，依照当时楚国的迷信，楚王与神女交欢，可以使得政治清明、国家振兴、人民富足，并且楚王也能身心强健、延年益寿。

颈联："渔父超然为避世，鸱鸮得势便欺凰。"《渔父》出于楚辞，东汉大学者王逸认为是屈原的作品。文中有渔父歌词："沧浪之水清兮，可以濯吾缨；沧浪之水浊兮，可以濯吾足。"这种脱尘出世的态度是受政治迫害而流放、苦闷抑郁中的屈原所向往的。鸱鸮即猫头鹰，颈联后一句出自《诗经》中的《国风·豳风·鸱鸮》，这是一首寓言诗，写一只母鸟对猫头鹰夺子毁巢的控诉。"凰"是雌鸟之皇，屈原在《涉江》中曾自比鸾鸟、凤凰。

尾联又回到现实中："龙舟看罢争强赛，只说盘中粽子香。”看完一年一度的龙舟竞渡，历史上战国列强的血腥争霸演变成今日百姓的娱乐竞争，作者忽然有一种欲说还休的感觉。和平来之不易，理当珍惜，数千年悠悠往事不说也罢，还是夸一夸眼前这香气扑鼻的粽子吧。

《端午怀屈子》表述的都是普通的道理，抒发的是平常的情感，中间两联对仗也有欠工整，但顺利完成了一首怀古诗的常规动作，铺陈得体，收放自如。屈原其人其文是不朽的，“屈平词赋悬日月，楚王台榭空山丘。”历代纪念屈原的诗作数不胜数，多是借古人的酒杯，浇自己的块垒。或者像这首诗，作者胸中并无磊落不平之气，恰逢端午时节，触景生情，且能修辞立其诚，因而字里行间自然生出一股凛然正气、悠远神韵。

五

禾草森森连水岸，花开无色无香。西来爽气送微凉。一天秋瑟瑟，四野雪茫茫。

梦里风光何处是，前程随意行藏。苍头凝露更飞霜。偶来沙渚上，还筑水云乡。

——张惠中《临江仙·芦花》

芦花是禾本科植物芦苇的花，在中国大部分地区普遍分布，生长于江河岸边、浅水滩上，夏末开花，深秋采收。早些年在江南地区，专门有手艺人制作芦花鞋，冬季可以取暖御寒。人们见到芦花开、芦花黄、芦花飞，便知道时节正渐次由夏入冬。

同样是秋季来临的信号，与菊花、桂花相比，芦花算是俗花，但芦花入诗却是历史悠久，《诗经》里的蒹葭便是此物。“蒹葭苍苍，白露为霜。所谓伊人，在水一方。溯洄从之，道阻且长。溯游从之，宛在水中央。”是何等的迷离，何等的深情，何等的沧桑！

《临江仙·芦花》也是一篇感时寄怀之作。临江仙本是唐代教坊曲，后用作词牌，为双调小令，跟“江”没啥关系，但是最有名的“临江仙”是明代杨慎的“滚滚长江东逝水”，而历代名作如苏轼的“夜归临皋”、秦观的“千里潇湘挼蓝浦”、陈与义的“夜登小阁忆洛中旧游”等，都写到江河流水。这篇写水边芦花的词，也用临江仙词牌，可能是作者下意识的选择。

“禾草森森连水岸，花开无色无香。”人们通常说水无色、花无香，此处更进一层，花既无色也无香。芦花没有香味，初开灰白，入秋浅黄，没有鲜艳的色彩，与水连成一片，水、天、芦花一色，也就近乎无色了。

“西来爽气送微凉。一天秋瑟瑟，四野雪茫茫。”这句很平淡不出彩，但告诉我们，视野中一大片芦花飞白如雪，这是芦花残存枝头的最后时光了。

“梦里风光何处是，前程随意行藏。”行藏，指出处或行止。《论语·述而》里，子谓颜渊曰：“用之则行，舍之则藏，惟我与尔有是夫！”意思是被任用就出仕，不被任用就退隐。大凡古今读书人都讲究个出处行藏，要在仕隐进退之间做抉择。宋代有个不大出名的词人侯蒙，有首《临江仙》，首句就是“未遇行藏谁肯信”——一直没有机会出去做官，说起来都没人相信。《临江仙·芦花》的作者或许人过中年，或许阅尽世事，因此看透人生、看淡功名，至于前程何往、行藏何择都顺乎自然听从天意了。

“苍头凝露更飞霜。”苍头，这里意思是头发花白。这句词是直接从“蒹葭苍苍，白露为霜”化过来的，露水挂在花白头发上，凝结成霜，头顶尽白，平添了许多年岁。

“偶来沙渚上，还筑水云乡。”水云乡，水汽弥漫、景色清幽的地方，多用来指隐者栖居之地。词人偶尔来到芦花摇曳的水边，只见一派苍茫令人神思飞扬，顿时产生一个念想：要像隐者一样卜居水边，与蒹葭为邻，与鸥鹭为盟。

旧体诗词赋在当代为何还有众多作者，为何还有生命力？除了可以用典、炼句、讲究韵与律，抑扬顿挫、辞约而义丰，更主要因为某些感觉、某些情怀只能用这些文体才能得到最恰当的表达。《临江仙·芦花》里都是寻常能见的意象，也没有含义深邃或状写入骨的金句，但上下两阕营造出来的氛围，整体意境，已充分传达出作者临江看到芦花那一刻，对摆脱尘俗羁绊融入自然获得身心自由的向往。

六

也因风雨喟蹉跎，所幸平生志未磨。

二十年来成独往，青衫一袭正嵯峨。

——弹铁室主人《逃京》

在北京的雾霾天里读这首诗，对“逃京”一词感触尤深。京城是名利场，也是是非地，道路拥堵，物价高昂，房价尤高。一千年前顾况调侃少年白居易的那句京城米贵“居亦弗易”，放置今天，尤其恰切。

岁月蹉跎，壮志未酬，是古今文人常有的感叹。“也因风雨喟蹉跎”，亮点在“也”字。在没有前文的起首，用这样的连接词，表明作者深知经历风雨而岁月蹉跎是前人早已感叹过的，他自己只是又亲自体验了一番。

“所幸平生志未磨”，难能可贵。贫贱不能移而风雨未曾磨，我们除了赞赏诗人的坚定，更是感叹诗人的幸运。

“二十年来成独往”，说明诗人尚年轻，居京时间还不长，依然有远大的前程可以期待。不知诗人是居京二十年而逃京，还是初到即逃离，无论怎样，再过十年或者更长时间，他对杜甫《怀李白》中的句子：“出门搔白首，若负平生志。冠盖满京华，斯人独憔悴。”一定会有更深切的感受。

末句“青衫一袭正嵯峨”，画面感很强。若是在二百年以前，我们可以想象一个清瘦而个高的诗人在街市里孤身往来的场景，皇城如海，知音难觅，“悄立市桥人不识，一星如月看多时。”（黄仲则）现如今清瘦的诗人或许还有，清瘦孤傲而壮志犹在的诗人已难得一见。

旧体诗难以翻陈出新，不只是清辞丽句妙手难得，更主要是诗意容易剿袭前人滑入旧模式。《逃京》一诗，诗眼即在标题，具有新鲜烫手的时代感。

七

乍觉秋光上柳眉，樽前记取赏花时，一双蝴蝶醉芳菲。

草色漫随风瘦减，蛩声恍似梦迷离。

几人曾见水流西？

——小梅窗《浣溪沙·秋日纪怀用“西”字》

自古诗词文章多感怀悲秋伤时之作，这首《浣溪沙·秋日纪怀》却写得清雅悠远、感而不伤。

“流光容易把人抛，红了樱桃，绿了芭蕉。”不知不觉地，夏去秋来，秋光上了眉头，愁思上了心头，恍惚间还记得春光明媚、百花盛开的时节，蝴蝶翩翩翻飞沉醉其中。李清照写重阳时节秋风一阵比一阵凉，用人和黄花做比：“东篱把酒黄昏后，有暗香盈袖。莫道不消魂，帘卷西风，人比黄花瘦。”这篇《秋日纪怀》却用草色渐减来写秋风渐紧秋意渐深，颇具新意。

蛩声，就是蟋蟀的声音，秋色秋声中听到蟋蟀的声音，寒意顿生。王安石有《五更》诗：“只听蛩声已无梦，五更桐叶强知秋。”《秋日纪怀》与王安石句子意相反而情相同，一是五更听到蛩声难以入梦，一是听到蛩声像做梦一样迷离恍惚。正写反写，都是因秋声而动情而生感；有梦无梦，或思远道，或忆旧游，都一样的神思飞扬款款情深。

末句“几人曾见水流西”稍显突兀，但很醒豁。一江春水向东流，像日月经天一样，历来如此。江水不能西流，就像人生一旦入秋便不能再青春，其中有太多的遗憾。所以李后主《相见欢》有句：“胭脂泪，相留醉，几时重？自是人生长恨水长东。”《秋日纪怀》用问句做结，作者的感叹又进了一层，其惋惜韶光易逝的秋日之怀在此也更强烈地传达给了读者。

2016年10月

高处不胜寒

——忆季羡林先生

一

歌德说过，一个作家活着看到自己受人尊崇，成为不朽者，是非常难得的幸运事。学者的命运大体上比作家要好一些，但是一位人文学者从籍籍无名、坐冷板凳到成为众望所归的大宗师，路途依然漫长而艰辛。季羡林先生算得上罕见的例外。

季先生一生得益于法西斯统治下的十年寒窗苦读，修成一门冷僻的学问，毕生受用。“国家不幸诗人幸”，曾做过诗人梦的季先生 1936 年西行求学以后，居然像诗人一样受到了命运的“恩遇”。入哥廷根大学，先师从瓦尔德施米特（Waldschmidt）教授学习梵文和巴利文，后师从西克（Emil Sieg）教授学习吐火罗文和吠陀；留德十年，八年身处法西斯德国的战争大后方，“二战”后期，饱受饥饿之苦和炮火之危。这一番绝无仅有的经历，也是上苍的额外垂青，“艰难困苦，玉汝于成”，祸福往往互相依存，转换。因缘际会，季先生居然在西方世界进修成一门东方文化的绝学功夫。

回国后，季先生因陈寅恪教授之荐受聘北京大学，开创东方语言文学系，担任系主任，当了半年副教授即升为教授。诸多学者终生追求的世俗目标，回国半年、35岁的季羡林已经达到。更有甚者，1956年，季先生被评定为一级教授，同年又被评选为中国科学院哲学社会科学学部委员。这是中国读书人至高无上的称号，如果不是身怀无人敢与争锋的绝学功夫，季先生不可能刚届中年即膺此荣耀。

季先生通晓英文、法文、德文、梵文、巴利文、吐火罗文，融会中外典籍，善于在东西方文化的纷纭现象中发现交汇点，他晚年发力写作完成的40万字的《糖史》，即是有关世界文化交流的扛鼎之作。在北大上学期间，我多次遇见年近八旬的季老在文科阅览室查阅《古今图书集成》，孜孜兀兀，足为后生垂范。1990年秋，我有幸聆听了季先生的一个小型讲座，主题是中印文学理论中辩证言意关系的神韵思想，他提出了自己的直觉感受和大体认识，点到即止引而不发，没有做细致严密的论证，也未推导进一步的结论，却给听讲者留下了很大的思索空间。后生小子我不自量力，试图就此课题有所引申发挥，乃以“中国诗学中的神韵论”为题撰写毕业论文，第二年以此博得了硕士学位。

二

普通读者恐怕没有机会也没有兴趣了解季先生的本行专业——古印度学。多数人都是通过他的散文了解这位当世大学者的。

季先生一生文学创作时间跨度之大，作品数量之丰，在现当代中国，罕见其俦。但纵观季先生的文学活动，可以说，他终身只是一个文学爱好者，一个业余作者；而在散文这一门类，他又是目光如炬的鉴赏者，痴心不改的实践者。

从中学生时期到后来中国学术界泰山北斗的尊荣地位，散文创作一直是季先生的深切爱好。只要生活着、思考着，他就写作着。依照作品的写作时间依次读下去，读者可以完整地了解他的人生行踪和思想轨迹。

他最初的创作开始于中学生时期，但文学情愫的培养主要得益于在清华大学西洋文学系读书期间。当时季先生有几个爱好文学的伙伴，经常在一起高谈阔论，臧否天下人物，主要有吴组缃、林庚、李长之，自命“清华四剑客”。“我们好像是《世说新语》中的人物，任性纵情，毫不矫饰。”(《西谛先生》) 后来，另三位剑客皆以文学为安身立命之本，分别以小说、诗歌、文学评论名扬天下，直至新中国建立。而以文学创作坚持不懈、著作等身而言，实则季先生一人而已。昔者往矣，诗剑飘零，四剑客皆已重归道山，唯有著作长留人间。

写于 30 年代初期的《观剧》《黄昏》《寂寞》《回忆》《年》《兔子》《红》诸篇，从标题即可看出文学青年刻意为文的深重痕迹：创作激情难抑，但没有足够丰厚的人生阅历，情感找不到落脚点，只是定下题目对某一情景抒发感慨。这样的主题散文季先生晚年也偶尔命笔，但是风格与早年的习作迥然不同，平易自然意境幽远，允称佳作，如《八十述怀》

《九十述怀》《听雨》等。

从“欧游散记”系列散文起始，他的散文有了更加切实的人生内容。《WALA》写青年人萍水相逢的爱情，含蓄深挚又包含淡淡的忧伤。季先生的文字风格在诗意的抒情写作中难以焕发光彩，更适合切近实际生活的记叙之作——这一特点在他晚年的游记文、忆旧文中得到充分呈现。写于90年代的《赋得永久的悔》、《我的心是一面镜子》、“台游随笔”系列等，沉郁顿挫，不抒情、不感伤而诚挚动人，风神潇洒枝叶苍劲。

在人生最重要转折的两个时期——留德十年后期和“文革”十年里，季先生身处非同寻常的艰难生存之境，难以保持文学创作的闲情逸致，也没有适合发表文章的报刊，散文创作暂时中断。留德的后五年，希特勒的侵略战争给德国人民带来深重灾难，“人命危浅，朝不虑夕”，缪斯女神也无暇光顾；“文革”中无妄之灾往往祸从口出，文人噤若寒蝉，更何况形诸笔墨！但是如寒梅斗雪、蚌病成珠，苦难终得补偿，年届八旬以后，季先生为这两段非常时期撰写了两本辉煌的散文著作，《留德十年》和《牛棚杂忆》。他的以文纪年的两处留白，因此得到了浓墨重彩的填充。

留德之前，作为诗情洋溢的文学青年，季先生的文章不免有刻意为之的痕迹。回国之初，季先生忙于学术研究和系务工作，作文偏少，像《纪念一位德国学者西克灵教授》在当时也算是个异数。中华人民共和国成立后，季先生满怀热情地参加新中国的社会主义文化建设，所作文章基调大多为单纯的乐观主义，有的失之平白浅近。

“庾信文章老更成”。新时期开始，季先生的学术研究迎来了新的春天，散文写作的质与量也随之进入了持久的高峰期，赓续二十余年。这一时期的文章，伤逝忆旧的篇什将及一半。这是最具季羡林特色的珍贵篇什。

季先生毕业于清华大学，留学于德国，35岁创办北京大学东方语言文学系，新中国初期的一级教授、学部委员，担任过北京大学副校长，全国人大常委会委员，获得多个世界著名大学的荣誉学位，身兼无以数计的荣誉性或顾问式的社会、学术职务，平生交游之旧雨新知，多为文化界大师奇才，星汉灿烂、胜流如云。1946年之后，他就处于中国学术的最高层，赓续六十余年。除了牛棚岁月，他的一生大体是平安的，在一系列纪念怀旧文章中，季先生的感恩心情跃然纸上，尤其庆幸得到了陈寅恪、汤用彤等前辈学者的赏识。朋辈中，还有在新中国身居高位、号称中共“党内一支笔”的清华校友胡乔木。经历曲折和辉煌，生命横跨一个世纪，亲历老大中国天翻地覆的巨变，目送前辈、同辈乃至后辈绝尘而去，心中伤悲发而为文，在季老是情之所至的表达。

岁登耄耋的季老追述往昔，参透了人情、世态和物理，最能令读者动容，笔者对此也十分偏爱。这些前朝旧事，对于年轻一辈的读者，是弥足珍贵的见闻。

三

季羡林先生的散文风格平实、诚挚，是不曲不隐的本色写作。读其文，可见其人。

季先生的文字平白浅近，没有华丽词藻，没有骈四俪六，甚至不表露深爱和沉痛。他晚年与猫为伴，视同儿孙，其中一只最心爱的、浑身雪白的波斯猫咪咪走失了，他心中的难受和思念是可想而知的，但落在笔下也只是淡淡的一句话：“它从我的生命中消逝了，永远永远地消逝了。我简直像是失掉了一个好友，一个亲人。至今回想起来，我内心里还颤抖不止。”

清末黄遵宪倡导“我手写我口”，季先生则是“我手写我心”。文字平淡如水，而其中对生活的感悟却醇厚如酒，质胜于文，不舍本逐末以辞害意。文字只是传情达意的工具，得鱼可忘筌，见月当忽指。

他的文章缺少棒喝顿悟的机锋，也没有惊世骇俗的警句，略输文采稍逊风骚。不如钱锺书《写在人生边上》那样珠玉杂陈琳琅满目，也不像何其芳《画梦录》那样错彩镂金雕绘满眼。是本色写作，不以机智和才气取胜。

季先生是不世出的大学者，古印度学专家，但不是天赋使命的文化天才；人才之中，他也不算迥出同侪。较之同学朋辈，他的叙事之才不如吴组缃，诗艺之才不如林庚，论辩之才不如李长之。同行之中，涉猎广博、思维深湛不如金克木。但是做好学问的首要条件，不是才气，而是诚实和勤勉。

季先生不强作才子姿态，口吐莲花满纸锦绣，他并不想借文章匡时济世。他的生活平静如水，纯净如水，所以他的文章也平白如水。然而平白朴素之中，有对造化的感恩，对弱小的怜悯，对悲苦的达观，博爱慈悲一往情深。弘一法师晚年书法，不计工拙，曾有遗偈：“君子之交，其淡如水，执象而求，咫尺千里。问余何适？廓尔忘言，华枝春满，天心月圆。”临终手书“悲欣交集”四字，字体与字义形神相融、浑然一体。季先生晚年文章，境界与此仿佛。

生活中，季先生是坦诚而讲礼节的老者，坦诚是他的秉性，礼节是他的教养。我们后生晚辈登门拜访，多热多冷的天气，他都要礼送出门，脱帽躬身目送归客。也许他的礼节使得他不能够充分坦诚，不得不说一些场面上的话，做一些场面上的事，写一些应酬文章。他温和的个性，映照在文章里，有时难免显得绵软，不够有力度。

季先生的性格含蓄内敛，温文尔雅，难得见他生气或者激愤的表情。温润如玉的谦谦君子，不示强而自强。当然也有例外，在原则问题上，他也会显示出书生式的激昂和倔强。90 年代初，北京大学新生入学需要参加长达一年的军训，有关部门把这一特例当作惩罚措施。在一次座谈会上，季先生厉声责问主管教育的官员，究竟是何动机。翌年，年度军训乃告终结。

某年秋天，我参加中国作家协会采风团到达了著名的江北水城——山东省聊城市，主人悉数搬出了他们的人文家底，景阳冈、光岳楼，还参观了傅斯年纪念馆和临清市内的季羡林资料馆。对诸多的同行者，只意味着匆匆到此一游，但我身处两馆却是怀着异样的心情。这两位让地方官员和百姓引以为自豪的社会贤达，恰是我敬仰的两位北大老校长。他们的个性有天壤之别，但秉公持正、不曲不阿却是共通的。傅斯年急公好义、疾恶如仇，在国民参政会上炮轰腐败的国民党政府，人称“傅大炮”，书生意气，“匹夫不可以夺志”。傅斯年纪念馆影壁上，赫然印着毛泽东手迹，1946 年在延安窑洞题赠孟真先生的唐诗一首：“竹帛烟销帝业虚，关河空锁祖龙居。坑灰未冷山东乱，刘项原来不读书。”当时初见，如参佛偈；今日思之，意味深长。

四

1982 年秋天，在“还乡十记”之一《聊城师范学院》一文中，季先生写道：“像我这样的老年人当然也想到祖国的前途，想到人类的未来，也想到 21 世纪，但是对我来说，21 世纪实在是渺茫得很，我不大有可能活到 21 世纪了。”事实证明，这是一个错误的预言。

季先生在文化界的尊荣地位，随着年岁的增长更加登临绝顶。晚年的季先生已经成为一面旗帜，甚至一个符号，面对隆誉他战战兢兢如临深履薄。

无意而领受的赞誉、尊崇超越了事实和常识。老人家坚持操守，多爱少憎，偶尔变通立场，他对自己被当作某些场合的点缀、道具心知肚明，不善于或者不忍心拒绝。比起我在学生时代见识过的大学者如王力、钱锺书，季先生是最不愿意拂逆他人盛意的，既不能严词峻拒，亦不善巧言婉谢。一个孤独内向、喜欢宁静的学者，身不由己成了社会活动家。这位忠厚老者，于皆大欢喜之中深怀孤独。

沧桑阅尽，冷对浮名，季先生头上已经不需要增添任何学术光环，偏有好事者平添尴尬事。季先生不是国学研究者，不是横通百家的才子，他也从来没有自命为国学家，但居然莫名其妙地戴上了“国学大师”这顶桂冠——用荆棘编成的桂冠。季先生宅心仁厚，谦谦君子书生本色，不愿意严词厉色驳人家的面子，但是他的谦抑否定之语淹没在嚣嚣众声之中。不虞之誉，必招不虞之毁；誉之也无据，毁之也无稽。誉者毁者同样出于轻率和无知。这仿佛一出荒诞剧。

诸如此类树大招风的事情，五十余年前当他成为一级教授、学部委员，学术地位初登峰顶的时候就发生过。好在彼时斯文犹存，心裁腹诽不致演化成口诛笔伐。迨至上世纪80年代中期，文化研究成热点，季先生发表过“三十年河东四十年河西”“21世纪是中国文化的世纪”这样的宏论。这不过是一个文化老人的善良而急切的愿望，不是逻辑化的严密论证的科学结论，十余年后却也一样遭到后生晚辈的严词抨击。说来令人啼笑皆非。

季先生的专业过于冷僻，如同学术象牙塔的尖顶部分，寻常学人难以一窥其堂奥。因为学跨古今东西，季先生不免常常被一些学会组织请去装点门面，礼节性地讲话、题词。对于被尊奉为道具，季先生心知肚明，他怀着菩萨普度众生的心愿成其好事。私下也有过自嘲。某年在先生府上，季先生笑着对我说：“不久前应邀参观展览，看到有 ×× 的题词，比我的字差远了。所以现在我也斗胆用毛笔写写字。”

2001年秋天，在故乡临清的祝寿会上，季先生有如下内心自省：

> 我决不是一个完全没有虚荣心的人，我也决不是一个完全淡泊名利的人。只不过是，由于我运气好，在四十多岁风华正茂的时候，在学术界里，在大学里，所有最高的荣誉和工资级别，我全已拿到了手。因此在那以后不知道有多少次的评职称评工资级别的活动中，我都表现出一种淡泊的态度，从来不与人争。这并非由于我的人品高，而是由于我已经争无可争，我已经到了顶峰，还能争些什么呢？最近若干年来，我吉星高照，出了几本关于我的传记，报纸杂志上有很多关于我的文章，还有几顶让我脸红的桂

冠，我实在觉得内疚不安。一有机会，我就要告诉读者：我没有那么好，没有那么了不起，书上和报刊上的话，只信一半就不少了。如果说我真有什么优点的话，那就是我还能有一点自知之明。

从书斋到书斋的季先生不熟谙意识形态的波谲云诡，没有勘破文化时尚的虚情假意。但是仁者如山，厚重不迁，他兼具古之士人的包容胸怀、现代知识分子的批判精神，独立、坚定、从容、宽厚，使沉迷功名利禄的宵小之徒心生惭意。先生亦儒亦佛的济世精神是不着一字尽得风流的道德典范。

中国有句古话“寿则多辱”，季先生则是“寿而不辱”。他比他的北大同事翦伯赞教授幸运，熬过了牛棚劳苦和羞辱。他比曲学阿世的御用学者诸如“梁效”之流幸运，没有因自处沟渎而使晚年蒙羞。

度过了将近一个世纪的风雨岁月，长期浸淫于佛学研究，季先生对于个人生命的存续寂灭超乎寻常地达观。他晚年作文常常引用陶诗四句表达胸臆：

纵浪大化中，不喜亦不惧。

应尽便须尽，无复独多虑。

学问如海，无边无际；人生有涯，缘起缘灭。世事洞明皆学问，参透了荣辱生死，如得正果如证菩提。

冯友兰先生 88 岁时曾有一副自寿联：“何止于米，相期以茶；胸怀四化，意寄三松。”季先生米寿以后的一篇文章即以“相期以茶”为题，林庚教授 95 岁寿辰时，季先生手书此四字既贺且祝。季先生轻轻松松活过了米寿，将近百岁的时候才走到了人生的终点。

终身研究一门冷僻的学问，高处不胜寒，季先生是寂寞的；寿且满百，同代师友在他之前纷纷离世，季先生是孤独的。他孤寂的心境，在他离世之后，我才慢慢体会领悟而逐渐明晰。

原刊《神剑》杂志2018年第2期

汪曾祺的文学金针

一

我与汪曾祺先生仅有一面之缘。比起大多数同样热爱汪先生作品的读者，这可以说是一种幸运，同时又不免有诸多遗憾。

1996 年底，第五届全国作家代表大会期间，我到京西宾馆组稿，在宴会厅门口望见迎面走来一位弓背黑面的老者。我初始以为是数年前一起在平谷金海湖畔开过“泥土文学丛书”研讨会的浩然先生，于是站起身来喊“梁老师”，周边的作家连忙介绍说：

这是汪曾祺先生。读了那么多汪先生的文章，今天才意外遇见，不免兴奋激动。记得那次作代会代表还是方桌共餐，我留下来蹭了一顿饭，与汪曾祺、林斤澜、郑万隆、刘恒诸位先生同桌。汪先生当时面色有些灰暗，动作也不甚利索，寡言语。我平素缺乏追星意识，加之当时只是巧遇毫无准备，没有拿出笔记本甚至他们的著作请汪先生、林先生等文坛耆宿签名留言，更没有现成的相机与他们合影留念。

隔年初夏的某天，我在北三环青年公寓寓所骤然获知汪先生逝世的消息。当时桌上正摆放着未读完的江苏文艺版《汪曾祺文集》文论卷。

本人读书相对理性克制，算不上合格的“汪迷”，汪先生生前就结集出版的那些著作，我购藏并不齐全。江苏文艺版文集之外，一本《晚饭花集》，是在北大书屋库房的废书堆里发现的，硕士毕业前夕签赠给了寿平同学。两本散文集《蒲桥集》《榆树村杂记》，在我留京初期不断徙居的岁月读了又读，填补了许多寂寞时光。

汪先生逝世后，北师大出版社出了邓九平编的全集，我在北师大东门路对面的盛世情书店八折买了这套书。遗憾的是，编集匆忙，诸多作品失收，校对亦相当粗疏，错漏颇多。

2007 年，汪先生逝世十周年，我与汪先生哲嗣汪朗老哥约定，在合适时间由我供职的北京十月文艺出版社推出汪曾祺全集新版。这一约定因我从图书部门调入杂志社而未能兑现，全集随即花落人文社，直至 2019 年初方才编竣大功告成。唯一可以宽慰自己的是，2009 年十月文艺社推出了四卷本《汪曾祺集》。

“物以类聚，人以群分。”与喜爱汪先生作品的朋友们的交往，很日常，很琐碎，同时很有趣。苏北兄被朋友们称作“天下第一汪迷”。早年在安徽乡下，他手抄汪曾祺作品三大本。借调到北京中国农行总部工作，有机会见到汪先生，苏北展示了他的手抄本，于是成了汪先生晚年的编外弟子。

就在我与汪朗全集之约的同一天，在德胜饭店与苏北兄闲谈，说到他有一本散文随笔集寻求出版。集中泰半谈的是汪曾祺先生其人其文，我建议他不如重新组织，梳理合并写成一本关于汪曾祺的专著，并且代他取了书名“一汪情深”。苏北兄从善如流，数月后，《一汪情深》在上海远东出版社出版。

2019 年、2020 年因为与朋友们共同编辑二十卷本《汪曾祺别集》（以下简称《别集》），我借机把汪先生作品系统读了一遍，再次真切感受到汪曾祺文学遗产的丰富与珍贵，值得后辈写作者揣摩学习，值得研究者探讨解析。

元代文学家元好问有首论诗绝句：“晕碧裁红点缀匀，一回拈出一回新。鸳鸯绣了从教看，莫把金针度与人。”后两句出自禅宗公案，宋儒朱熹先前就引用过。“绣好的鸳鸯任凭他人欣赏，但是不要把针粥手艺传授给别人。”汪先生是无私的，反其道而行之，不仅写出了锦绣文章，奉献给天下读书人，还把文学的奥义、作文的诀窍透彻地呈示给读者和写作者，足见他对于文学的赤诚热爱。

二

汪曾祺先生是一位具有高度文学自觉的写作者，他对自己的文学气质，对自己散文、小说作品的风格特点，都有明确的判断、定位。他了解具有其他气质的作家，赞赏其他风格作品的优长，不排斥异己，同时基于对自己的深度了解，扬长避短，坚持走自己的文学之路。

《别集》之一《受戒集》收录了台湾作家施叔青女士与汪曾祺先生的长篇对话，这是理解汪曾祺个人经历、文学履历及其作品的关键锁钥。求学西南联大，当右派以后在张家口种马铃薯，“文革”期间江青的赏识以及样板戏创作，对话录中都具体谈及。《受戒》里读者费解存疑的文化背景，对话录中也有详细的解释。关于评论界褒贬不一的“小说散文化”，汪先生以自己的文学观做出了诠释，并强调：“散文化小说是抒情诗，不是史诗，它的美是阴柔之美、喜剧之美，作用是滋润，不是治疗。”语言是汪先生最看重的小说元素：“除了语言，小说就不存在。”在与施叔青的对谈中，汪先生进一步阐明了这一观点。

对于广大读者，对于年轻的写作者，汪先生谈文论艺的闲散文字，都极具启发，都是很好的阅读指导和写作指南，其价值不亚于汪先生的经典小说，两者互为表里，互相佐证。

我在二十年前的一篇短文《讲故事的人》中，有一段谈及汪先生：

汪曾祺是当代中国的小说名家，更是

一位散文大家。丰富的学识，深湛的艺术素养，散淡的性格，使他的散文随笔深得中国文学的精髓，成为文人随笔的典范。新时期文学之初，汪曾祺的小说因为这种鲜明的个人风格而深受读者喜爱。他这一时期的名作，如《受戒》《大淖记事》等，除了文笔简净富于韵味，新颖的故事和巧妙的叙事方法是作品成功的主要因素。……汪先生曾有一句夫子自道："我的气质，大概是一个通俗抒情诗人，我永远只是一个小品作家。"（《晚翠文谈·自序》）虽有自谦成分，但也的确概括了他的文学气质。在小说创作中，这种个人气质发挥适当，便能独树一帜、别具一格。

隔了二十余年，又增添了同样长时间的文学编辑工龄，现在回头来看这段文字，我的观点基本没有改变。《受戒集》里收的九篇小说，是汪先生短篇小说中最有故事性的一部分。汪老讲故事，用王安忆的话说，“他则把最复杂的事物写得明白如话。他是洞察秋毫便装了糊涂，风云激荡过后回复了平静，他已是世故到了天真的地步”。斯人也而有斯文。

但是我建议年轻写作者，不要模仿汪曾祺中晚期的作品写小说。汪曾祺小说的特点之一是常有与故事不大相关的闲笔段落，谈一些掌故，谈谈学问和见闻，不是书本上的死知识，有些是阅读得来且经过思考验证过的知识，有些甚至是他的亲见亲闻。绝大多数年轻写作者不具有汪曾祺那样丰富的学问，那样广博的见闻，如果在小说中也摇头晃脑摆学问，就变成了漫无目的东拉西扯或者拇扯卖弄。汪氏风格不是不能学，而是难度太大，邯郸学步得不偿失，画虎不成反类犬。

汪先生平和冲淡的文字风格，年轻写作者也不能刻意追求。苏东坡的《与侄书》说得很分明：“凡文字，少小时须令气象峥嵘，彩色绚烂。渐老渐熟，乃造平淡。其实不是平淡，绚烂之极也。汝只见爷伯而今平淡，一向只是此样，何不取旧时应举时文字看，高下抑扬，如龙蛇捉不住，当且学此。”汪先生的平淡是岁月修炼而成，心胸性格如此，含蓄留白，欲辨忘言。

三

《别集》之一《揉面集》，收录了汪曾祺先生的讲课、序言和自序、创作自述等谈文论艺的重要文章。

2018 年 5 月，首届汪曾祺华语小说奖在大连颁奖，《天下太平》获得短篇小说奖，作者莫言以视频的方式发表了获奖致辞。他回忆了印象中的汪曾祺先生，特别说到他在军艺读书时，有一次汪先生去讲课，用粉笔在黑板上重重地写了六个大字：卑之无甚高论。

这次编《揉面集》，我总是想起这六个字。收入本书中的文章至少有三篇，都引用了出自《汉书·张释之传》的这句话："卑之无（勿）甚高论。"

这是汪先生的自谦。他不仅说自己卑之无甚高论，甚至还说"空空洞洞，乱七八糟"（在长沙的讲座《小说创作随谈》）。但是他去世之后二十多年来，他的谈文论艺的文章与他的散文、小说一样，受到越来越多读者的喜爱，影响了一拨又一拨年轻写作者。

这本书里，确实没有新鲜的大道理，但是那些我们似曾相识的文艺观点，经由他这样的作家说出来，平添了许多可信度和说服力。

"回到现实主义，回到民族传统"，这是汪曾祺在北京市为他举办的作品研讨会上的发言题目，可以看作他的文艺思想的总概括。他对学习西方现代派持开放态度，赞成在小说中运用意识流，但主张应该使用地道的中国语言。“我所说的民族传统是不排除任何外来影响的传统，我所说的现实主义是能容纳各种流派的现实主义。”“我主张纳外来于传统，融奇崛于平淡，以俗为雅，以故为新。”这是他的完整观点。

他的作品中的人道主义思想，来源于他青少年时期所受到的人文教育。

他强调生活积累，强调体味生活、观察生活对作家的重要性。文学必须反映生活，必须从生活出发。作品要有益于世道人心，有个良好的写作愿望，忠于自己的美感需要，不去图解当时的某种口号，不是无动于衷。

他反复提醒写作者要重视语言，把语言的重要性推到了极致。文学是语言的艺术，作家应该精通语言。写小说，就是写语言。语言是一种文化现象，语言的背景是文化。语言的唯一标准，是准确。一句话要找一个最好的说法，用朴素的语言加以表达。

年轻作家要向民间文学学习，学习民间文学语言的朴素、简洁和明快。“句与句，要互相映带，互相顾盼。一篇作品的语言是有一个整体，是有内在联系的。文学语言不是像砌墙一样，一块砖一块砖叠在一起，而是像树一样，长在一起的，枝干之间，汁液流转，一枝动，百枝摇。语言是活的。”（《我的创作生涯》）

这本集子里专门谈语言艺术的就有《揉面》《关于小说的语言（札记）》《小说的思想和语言》《中国文学的语言问题》四篇，举了很多准确、生动、传神地使用语言的例子，出经入史谈古论今，还有些甚至是现身说法夫子自道。各路文章的语言之妙，经由他加圈批点，豁然呈现。这样批点章句的段落还散在该书其他文章中，如钻石般星光闪耀。

他提倡文章尽量写短，简洁、含蓄，不要把话说尽，不要过度抒情，不要感伤。要善于留白。谈论他自己的小说《虐猫》时，他谈到了这个带有普遍意义的作文诀窍："一是能不说的话，就不说；二是作者要控制自己的感情，在叙述语言上要尽量冷静，不要带很多感情色彩，尽量说得平平淡淡，好像作者完全无动于衷。越是好像无动于衷，才能使读者感觉出作家其实是有很深的感触的。"

此外，关于作家和评论家，汪曾祺认为：对于作家的作品，评论家比作家看得还清楚，评论是镜子，而且多少是凸镜，作家的面貌是被放大了的，评论家应当帮助作家认识自己，把作家还不很明确的东西说得更明确。评论家的作用就是不断推动作家去探索，去追求，去寻找他还不明确的东西、模糊的东西。评论家对作家来说是不可缺少的。

关于现代作者和读者，他的观点是："一个作者的责任只是把你看到的、想过的一点生活诚实地告诉读者。你相信，这一点生活读者也是知道的，并且他也是完全可以写出来的。作者的责任只是用你自己的方式，尽量把这一点生活说得有意思一些。

现代小说的作者和读者之间的界线逐渐在泯除。作者和读者的地位是平等的。”(《说短》)

他喜欢的作家，有俄罗斯的契诃夫，英国的伍尔夫，法国的纪德，西班牙的阿左林，中国古代的归有光，中国现代作家鲁迅、废名、沈从文、孙犁，等等。

关于小说，他服膺沈从文先生的“贴到人物写”。汪曾祺小说观中很重要的一个观点是“气氛即人物”，是从沈从文先生的“贴到人物写”引申发展而来的：

> 沈先生所谓“贴到人物写”，我的理解，就是写其他部分都要附丽于人物。比如说写风景也不能与人物无关。风景就是人物活动的环境，同时也是人物对周围环境的感觉。风景是人物眼中的风景，大部分时候要用人物的眼睛去看风景，用人物的耳朵去听

声音，用人物的感觉去感觉周围的事件。你写秋天，写一个农民，只能是农民感觉的秋天，不能用写大学生感觉的秋天来写农民眼里的秋天。这种情况是有的，就是游离出去了，环境描写与人物相脱节，相游离。如果贴着人物写景物，那么不直接写人物也是写人物。我曾经有一句没有解释清楚的话，我认为“气氛即人物”，讲明白一点，即是全篇每一个地方都应浸透人物的色彩。叙述语言应该尽量与人物靠近，不能完全是你自己的语言。对话当然必须切合人物的身份，不能让农民讲大学生的话。对话最好平淡一些，简单一些，就是普通人说的日常话，不要企图在对话里赋予很多的诗意，很多哲理。(《小说创作随谈》)

他认为，戏剧的结构像建筑，小说的结构像树，贵在自然生发，但也要有埋伏和照应；小说也要讲文气，就是内在的节奏。重叙述，轻描写，已经成为现代小说的一个显著特点。

谈散文，他信服苏轼的名言："行于所当行，止于不可不止。"还引用了章太炎《菿汉微言》论汪容甫的骈体文的话："起止自在，无首尾呼应之式。"

他赞赏"散文化的小说"，专门写了一篇以此为标题的文章，读来如同关于这一风格作品的宣言。

四

汪曾祺文艺思想得到了多种文化的滋养，有中国传统的文论、画论，也有近代西方文学思潮，更多的是他阅读中外古今作品所获得感受的总结、提炼，得益于他的杂学。写小说、写散文都要有杂学，需要广泛地涉猎，广泛地吸收。汪先生的杂学不是饾饤什锦，他系统阅读过中国文化史上的主要著作，也是五四以后外国文学大量输入中国的见证者、受益者。

作家需要有学问，但不是一本正经正襟危坐探讨学问，往往在闲谈之中说出来的观点胜过无数鸿篇高论。汪曾祺不是死读书，他的学问不只是书面的学问，更不是道听途说的学问，不是猎奇的半吊子学问。他将生活、文艺和学问融会贯通凝聚成艺术观和对生活的态度。他的文章没有术语，没有大词，却讲出了大道理，汪先生最精彩的观点不是他谈理论的段落，而在他对作家、作品的零散点评中，对作家、作品的定位、归纳、评价，别具慧眼但又不故作惊人之论，三言两语切中肯綮。比如他评鲁迅："鲁迅是个性格复杂的人。一方面，他是一个孤独、悲愤的斗士，同时又极富柔情。《故乡》《社戏》里有一种说不出来的惆怅和凄凉，如同秋水黄昏。"（《小说的散文化》）

《〈职业〉自赏》一文中，他这样评价人的"职业”，已经超出了文学的范围，具有社会学的启发：“职业是对人的框定，是对人的生活无限可能的限制，是对自由的取消。一个人从事某种职业，就会死在这个职业里，他的衣食住行，他的思想，全都是职业化了的。”

读汪曾祺文论，须得与他的作品对照着看，方有豁然开朗之感。而汪先生对自己作品的解析，更亲切有味。《关于〈受戒〉》《〈大淖记事〉是怎样写出来的》《关于〈虐猫〉》《〈职业〉自赏》《关于〈沙家浜〉》这几篇，读者朋友可以用这个方法做个尝试，定当别有一番滋味。

他曾为出版社代拟过的封面用语，是他难得的自夸，如鱼饮水冷暖自知，他当得起这样的评价：

齐白石自称诗第一，字第二，画第三。

有人说汪曾祺的散文比小说好，虽非定论，

却有道理。

此集诸篇，记人事、写风景、谈文化、述掌故，兼及草木虫鱼、瓜果食物，皆有情致。间作小考证，亦可喜。娓娓而谈，态度亲切，不矜持作态。文求雅洁，少雕饰，如行云流水。春初新韭，秋末晚菘，滋味近似。

很多人说汪曾祺是“中国最后一个士大夫”，这话说得很绝对又概念不清，无法证实也无法证伪，这句话我们不妨理解为汪曾祺作品与其为人有着浓重的中国传统文化气息，深得中国文化的滋养。汪先生在《我的创作生涯》一文里对此做了全面回顾，比如提到他自小习画：“我对画家的偏爱，也对我的文学创作有影响。我喜欢疏朗清淡的风格，不喜欢繁复浓重的风格，对画，对文学，都如此。”

钱锺书先生在《读〈拉奥孔〉》一文中坦陈他平素的读书心得："在考究中国古代美学的过程里，我们的注意力常给名牌的理论着作垄断去了。……一个老实人得坦白承认，大量这类文献的探讨并无相应的大量收获。好多是陈言加空话，只能算作者礼节性地表了个态。……诗、词、随笔里，小说、戏曲里，乃至谣谚和训诂里，往往无意中三言两语，说出了精辟的见解，益人神智；把它们演绎出来，对文艺理论很有贡献。"

汪曾祺1983年9月8日致信作家杨汝絅，在称赞杨的文章之后说："这种Essay式的文论现在很少有人写了。一般评论都硬得像一块陈面包。……现在的评论文的文章都不好，缺乏可读性。我建议你多写写这样的Essay。唐弢曾在一篇文章里提到中国很缺这种随笔式的谈论文艺和文化问题的小品。这种东西很不好写。一要学养，二要气质——一种不衫不履，不做作，不矜持的气质。你是具备这样的条件的。”

汪曾祺先生这些文学论述，都是以散文、随笔（Essay）的形式写成的，不是高头讲章，不做逻辑缜密的推论，只是以个人美学感应和美学判断为基础，兼以学识、见闻为佐证，稍加总结归纳，用个人化的语言风格表述出来，因此具体可感不空洞，基础牢实经得起推敲，足以更新我们的文学观，成为文学理论中真正有价值的“常识”。

2020 年 10 月

在五道口遇见毛姆

盛大秋日里，北京城最亮眼的，是暖阳下金黄的银杏树叶。香山红叶声名远扬，每年秋天游人如织，其实只是个美丽传说。北京的秋日，银杏是绝对的王者。钓鱼台国宾馆东门外成排的银杏树，和北大西门里那几棵百年老银杏，是其中翘楚。周四从早至晚镇日狂风，我在北京语言大学校园拍到了今秋最后的金黄。经过大风摧折，大银杏树仅剩几个叶片挂在秃枝上，作为对秋日最后的留恋。

又过五道口。这是我大学七年时间每周必到的地方。上个世纪八九十年代的五道口，除了鸣笛设栏的铁道口，还有几处人气很旺的场所：地标性建筑是五道口电影院，人流如织的是五道口商场，读书人钟爱的是五道口新华书店。新华书店外间大厅卖普通图书，里面几间卖特价的二手书和外文书，外文书那间挂着“外宾免入”招牌。那时中国还没有加入世界版权公约，所卖的外文书都是影印外版书，现在想来，那些影印外文书都属于侵权出版物。

90 年代初，五道口地区大规模改造前夕，商场周围拆了一批老房子，但没有立刻开工建设，留下了一大片空地，日晒雨淋不种菜不长草甚是可惜，于是稍加变通改造成了周末交易二手书的集市，存在了两三年时间。五道口位于八大院校核心地带，是中国读书人最集中的区域，90 年代初中国民众还处在普遍崇尚文化、爱好纸质阅读阶段，二手书交易在此时此地红红火火，实乃得了天时地利人和。

路经五道口，不能不怀想起英国作家毛姆（William Somerset Maugham，1874—1965），想

起在五道口书店和周末地摊书市购买的各式毛姆作品。英文版《总结》《月亮和六便士》《人性的枷锁》《毛姆短篇小说选》，周煦良译《刀锋》新书，傅惟慈翻译《月亮和六便士》二手书，秭佩译《刀锋》二手书，我都是在此购买的。

年轻的读书人喜爱上某一位作家、学者，就难免有收藏癖，想要把这位作家的所有著作全部搜罗到手，通读殆尽。我在三十岁以前迷恋的作家学者有近十位，时移世易时过境迁，有些作者我已经兴趣转淡，而毛姆依旧是我衷心所爱。只是年岁渐长，对作家的认识更深入透彻一些。

何时对毛姆作品发生兴趣已经难以追溯。我的本科毕业论文写张爱玲，张爱玲小说与毛姆小说有几分神似是原因之一，文学趣味上似乎也有沾亲带故的渊源。据说小说《沉香屑——第一炉香》在《紫罗兰》杂志发表后，张爱玲拜访《紫罗兰》主编、鸳鸯蝴蝶派作家周瘦鹃，周先生指出张的小说有毛姆小说的风味，张爱玲表示“心悦诚服”。后来张爱玲在散文、随笔中也多次坦承对毛姆的青睐，她弟弟也在回忆文章中说到“姐姐顶爱看《红楼梦》和毛姆”，足见此事非虚。写作毕业论文期间，我就顺便把当时能找见的毛姆作品和传记，比如《人世的挑剔者》以及他侄儿罗宾·毛姆的回忆录，尽数看了个遍。

读研究生期间，同宿舍历史系元史研究生张长利的弟弟张长春常常来访，长春兄当时在北京语言学院（现为北京语言大学）毕业留校工作。某次闲聊，我说到翻译《月亮和六便士》的傅惟慈先生，长春兄说傅先生是北语的老教授，他跟傅先生很熟悉，要介绍我去拜访傅先生。没想到毛姆的译者就住在五道口北语校内，这消息让我兴奋。长春后来约我去北语，可惜时间冲突没有成行，不久他就移民澳大利亚了。后来一次与傅先生失之交臂，是十年后我在北京十月文艺出版社工作期间，“大家小书”丛书里收了傅先生的译作，据编辑说老先生骑着自行车从五道口来到了出版社，但遗憾那天下午我没在单位。

喜爱一个外国作家，连带喜爱上他的译者，也是顺理成章。傅惟慈先生的翻译信、达、雅，堪称译界典范，以致《月亮和六便士》在傅译之后罕有重译。毛姆的作品明白晓畅，在英文作家里是重译率最高的，多种译本各有千秋，但《月亮和六便士》读者只认傅惟慈。

毛姆小说中经常有一位参与故事但总是以旁观者身份在场的角色——“我”，《刀锋》《月亮和六便士》和许多中短篇小说便是如此。小说中还不时冒出一句格言警句式的聪明话，即时下所谓“金句”。

将近三十年前的某个晚上，我的同学、诗人恒平兄在宿舍读《月亮和六便士》，读到某句不禁击节赞叹，大声朗诵给我们听：

“为什么讨人喜欢的女人总是嫁给蠢物啊？”

“因为有脑子的男人是不娶讨人喜欢的女人的。”

这是小说叙事者“我”与女小说家Miss Waterford［我猜想原型是美国旅法女作家格特鲁德·斯坦因（Gertrude Stein）］的两句对话。聪明话就是这样，似乎简单武断，但又似乎有些道理，幽默俏皮耐人寻味。在宿舍的同学们好奇，查阅了一下英文原文：

“Why do wise women marry dull men？”

“Because intelligent men won’t marry nice women.”

句中单词都很简单，但是翻译成准确传神的“讨人喜欢”“蠢物”“有脑子”，并非信手拈来，我们不禁对傅先生的译笔叹服。这句话传达出毛姆对于男女之情的悲观态度：聪明的女人婚姻多不幸，幸福的女人多数很愚蠢，或者说女人蠢一点才能感觉幸福。联想到毛姆自传色彩的长篇小说《人性的枷锁》中，主人公菲利普·加利对女招待米尔德丽德绝望的爱情，毛姆对婚姻的悲观对女性的失望似乎贯穿一生的。他的现实生活也大抵如此，与妻子长期分居终至分手，与成年的女儿绝情反目。中年以后，毛姆身边没有异性，他还是喜欢男人更多一点。

钱锺书在《林纾的翻译》一文中说：“好译本的作用是消灭自己；它把我们向原作过渡，而我们读到了原作，马上掷开了译本。”《月亮和六便士》英文版、中译本我同时存架珍藏，可能是无意识但合情理的行为。一是我的英文不够好，有时需要与译本对照着看；二是傅惟慈先生的译文太精彩，达到了钱锺书先生所说的翻译的化境：“把作品从一国文字转变成另一国文字，既能不因语文习惯的差异而露出生硬牵强的痕迹，又能完全保存原作的风味，那就算得入于‘化境’。”看到精彩的译文段落，忍不住要去查看原文写的究竟是啥。

这些带着狠劲的“金句”都出自《月亮和六便士》：

“在满地都是六便士的街上，他抬起头看到了月光。”

“我用尽了全力过着平凡的一生。”

“为了使灵魂宁静，一个人每天要做两件他不喜欢的事。”

“一般人都不是他们想要做的那种人，而是他们不得不做的那种人。”

“女人对一个仍然爱着她、可是她已经不再爱的男人可以表现得比任何人都残忍；她对他不只不仁慈，而且根本不能容忍，她成了一团毫无理智的怒火。”

……

“人世的挑剔者”，毛姆传记的标题取得很精准。

毛姆是位职业作家，小说结构精致，散文文字雅净，只是缺乏原始野性的力量。埃德蒙·威尔逊称他为二流作家，大概是这个原因吧。但毛姆是我深爱的作家，因为他聪明，有见解。

恒平兄深知我爱好毛姆，研究生毕业前夕把布满了他钢笔画线的《书与你》和《在中国的屏风上》两本书赠送给我。《书与你》是花城出的节译本，薄薄不到一百页的小册子。《在中国的屏风上》是毛姆1920年游历中国后写的旅行随笔，是陈寿庚先生的译本，福建人民出版社出版。其中一篇《哲学家》，毛姆写他到成都拜访一位曾经留学英国的学者，想来就是众所周知的以满清遗民自居的辜鸿铭教授。

文中翻译了辜鸿铭的一首情诗，活脱脱一首“五四”以后的白话情诗，我不禁好奇它的中文原文是怎样的。得空要做一番查考。

我认识的文人里，盛赞毛姆的，小说家有当年的先锋小说家马原，翻译家有两位，除了傅惟慈先生，另一位是翻译《西行漫记》《第三帝国的兴亡》《1984》的董乐山先生。董先生去世前一年，中秋节前夕，我和韩敬群兄到董先生寓所拜访，我们谈到了毛姆的关于写作的 3Y 原则。

毛姆的 3Y 原则是：Lucidity，Simplicity，Euphony——清晰，简洁，动听。我最初大概是在《总结》（*SUMMING UP*）里看到的。这是毛姆七十岁以后写的回忆录，有他关于文学和人生的诸多论述。20 世纪 80 年代国内曾有盗版影印本。

毛姆的散文堪称现代英文的典范，西南联大曾将《在中国的屏风上》中的一篇选入英语课本，名曰《江上歌声》。我最欣赏的，是另两篇，《客店》

和《哲学家》

这两年毛姆著作新的中译本纷纷面世，其作品魅力不减无疑是原因之一，他的文字简明易译是其二，但更主要的，或许是因为五十年版权保护期快结束了，版权转让相对便宜了吧。海明威、黑塞逝世刚刚五十年，又有一批新译本正在出版中，一场价廉味美的流水盛宴已经开席。

像每一个曾经具有卓著影响的大人物一样，英国作家毛姆年届八旬以后，开始关心自己在文学史上的地位。当初威尔逊称毛姆为“二流作家”令他耿耿于怀，但过世将近五十年了，他却仍被全世界文学爱好者广泛阅读，这是多么珍稀可贵的“二流”啊！其实小说家不一定要做开疆拓土的先锋，能把故事讲好，做一个合格的畅销作家，不掺水的二流大师，已经是常人难以企及的胜业。

毛姆是位怪脾气的作家，也是阅读广博、眼光毒辣、语言尖刻的批评家。对品行有污的作家而言，被他点评是个灾难，他把托尔斯泰得过梅毒这样的隐私都捅了出来，对陀思妥耶夫斯基和勃朗特的评价更是刻薄。如果他能预知爱德蒙·威尔逊与他的夫人玛丽·麦卡锡之间的糗事，说不定也会写文章加以讥讽，甚至编成小说影射这位文学敌人。但毛姆有一个作文原则：作品和人品，他分得很清楚。

毛姆说："使一部作品成为经典名著的，不是评论家们的交口赞誉、教授们的阐述研究、用作学校里的教科书，而是使一代又一代的众多读者在阅读这部作品中得到的愉悦，受到的启迪和教益。我个人认为，《傲慢与偏见》……是所有小说中最令人满意的一部作品。"（《书与你》）能让这位怪老头看得入眼，奥斯丁实在不简单。这也可以视作他老先生的自励和自况。

2011 年下半年，偶然的机缘，我参加了"鲁迅文学院青年作家英语培训班"。培训班委托北京语言文化大学（此后更名为北京语言大学）承办，为期四个月，主要讲授中英文学的互译。这样我又在五道口北语留学生公寓住了四个月。“青年”我早已超龄出列，所谓“作家”，我也只是零敲碎打、心无专属的业余写作者，唯有对英语的喜爱初衷未改。培训期间每位学员要做个 Presentation，介绍自己关注的某个人、某个作品或某件事。我自然想到了英文大师毛姆，于是准备材料，做 PPT。我们的讲课老师，美国人 TODD（托德）先生，一个爽朗健谈已经做了祖父的老头，听我提到 William Somerset Maugham，有几分恍惚，我意识到他对这位英国作家并不像我一样兴趣浓厚。好吧，那我改做美国电影明星 Al Pacino（阿尔·帕西诺），谈谈《教父》和《闻香识女人》，托德先生连连称好：“我也喜欢帕西诺的电影，尤其 *Heat*（《盗火线》）。”

住在北语的日子，想起当初张长春兄要带我拜见傅惟慈先生这一段往事，我多次想趁便探访傅先生踪迹，几番犹豫终告作罢。当时傅先生年近九十高龄，没有熟人介绍外人也不便贸然拜访，进一步想，老先生未必还住在号称“宇宙中心”的五道口，住在这么喧闹的校园里。2014年3月，傅先生逝世，这个遗憾就成为永远的遗憾了。

2016年6月

张岱、柳敬亭、陈洪绶与《水浒传》

今年初秋第一次到泰州，品尝了黄桥烧饼，重温了新四军在这一地区的革命事迹。我的家乡在长江对岸，泰州却是第一次来，新四军与黄桥烧饼的故事是初中课本里读到的，时隔多年终于有机会品尝。泰州之行额外的收获是，发现泰州历史上出现过众多文化名人，他们的传奇人生虽然在红色文化的照耀之下相形黯淡，但泰州文化源远众星璀璨，这些人与事具有不可忽视的光芒。

回京后，偶读《张岱诗文集》（上海古籍出版社2014年版），发现泰州还有一个历史文化名人，名字大家很熟悉，但是像我这样的粗心人没有把他和泰州联系在一起，他就是清初著名说书人柳敬亭。

我们这一代人知道柳敬亭，是因为选进课本的黄宗羲文章《柳敬亭传》。一个街头说书人，有同时代的文豪硕儒给他作传，实在是件了不起的事。这一来是因为柳敬亭生平曲折，由犷悍无赖犯法当死的混混，变成一个说书艺术家，又曾在明末官府做过幕僚，明亡后再次混迹街头；二是由明入清之后文人心中普遍的兴亡之感，黄宗羲在柳敬亭身上找到了典型，找到了寄托；三是柳敬亭的说书艺术实在高超，令作者佩服。

张岱《陶庵梦忆》里有《柳敬亭说书》一篇，据说现在也收入了人教版高中语文课本。全文不长，照录如下：

南京柳麻子，黧黑，满面疤瘤，悠悠忽忽，土木形骸。善说书。一日说书一回，定价一两。十日前先送书帕下定，常不得空。南京一时有两行情人，王月生、柳麻子是也。余听其说《景阳冈武松打虎》白文，与本传大异。其描写刻画，微入毫发；然又找截干净，并不唠叨。哱夬声如巨钟，说至筋节处，叱咤叫喊，汹汹崩屋。武松到店沽酒，店内无人，謈地一吼，店中空缸空甓皆瓮瓮有声。闲中着色，细微至此。

主人必屏息静坐，倾耳听之，彼方掉舌，稍见下人呫哔耳语，听者欠伸有倦色，不辄言，故不得强。每至丙夜，拭桌剪灯，素瓷静递，款款言之，其疾徐轻重，吞吐抑扬，入情入理，入筋入骨，摘世上说书之耳而使之谛听，不怕其不齰舌死也。

柳麻子貌奇丑，然其口角波俏，眼目流利，衣服恬静，直与王月生同其婉娈，故其行情正等。

这想来就是黄宗羲《柳敬亭传》中提到的，“亡何国变，宁南死。敬亭丧失其资略尽，贫困如故时，始复上街头理其故业”。这时的柳敬亭，人生经历了大起大落，草根出生，亡命改姓，结识过王侯将相，见证了家国兴亡，说书艺术已登峰造极。

张岱是有性情有趣味的文人，从这篇短文可以看出，他像黄宗羲一样，对柳敬亭的说书艺术不吝赞美之词。但是黄宗羲只是概括地称赞柳敬亭，张岱特别描写他说《水浒》，足见《水浒》他最为拿手出彩。武松打虎这一回，比小说本传细节生动，加之说书者绘声绘色抑扬顿挫，听书人为之倾倒入迷。其相貌如此丑陋古怪，反衬托出其说书口舌伶俐、表情传神，他的行情与秦淮名妓王月生相等，足见其受欢迎程度。此外，还可以看出风雅之士张岱不仅读过当时不入大雅之堂的小说《水浒》本传，而且对小说文本非常熟悉。柳敬亭说书，是在《水浒》小说文本基础上的加工改造，这大概就是近代评话艺术家王少堂等人专门说《武松》《宋江》的先驱吧。

《张岱诗文集》诗集卷三，收一首七言古诗《柳麻子说书》：

向年潦倒在秦淮，亲见名公集白下：
仲谦竹器叔远犀，波臣写照简叔画；
昆白弦子士元灯，张卯串戏杂彭大；
及见泰州柳先生，诸公诸技皆可罢。
先生古貌伟衣冠，舌底喑呜兼叱咤。
劈开混沌取须眉，嚼碎虚空寻笑骂。
张华应对建章宫，万户千门无一差。
详人所略略人详，笑有真笑怕真怕。
勾勒水浒更神奇，耐庵咋指贯中吓。
夏起层冰冬起雷，天雨血兮鬼哭夜。
先生满腹是文情，刻画雕镂夺造化。
眼前活立太史公，口内龙门如水泻。

把柳敬亭比作活着的司马迁。提到《水浒》，直接提名施耐庵、罗贯中，可见当时已普遍认定施耐庵、罗贯中为《水浒传》的共同作者。

《张岱诗文集》卷一，有《水浒牌序》，介绍他的朋友陈章侯（陈洪绶，即陈老莲）画的《水浒》人物：

余友陈章侯才足掞天，笔能泣鬼。昌谷道上，婢囊呕血之诗；兰渚寺中，僧秘开花之字。兼之力开画苑，遂能目无古人，有索必酬，无求不与。既蠲郭恕先之癖，喜周贾耘老之贫，画《水浒》四十人，为孔嘉八口计，因使宋江兄弟，复睹汉官威仪。伯益考著《山海》遗经，售毪鸟氄，皆拾为千古奇文；吴道子画《地狱变相》，青面獠牙，尽化作一团清气。收掌付双荷叶，能月继三石米，致二斛酒，不妨持赠；珍重如柳河东，必日灌蔷薇露，薰玉蕤香，方许解观。非敢阿私，愿公同好。

《陶庵梦忆》中一篇《水浒牌》写的也是陈章侯，还抄录了自己《琅嬛文集》中引的一段文字，小有异同：

古貌，古服，古兜鍪，古铠胄，古器械，章侯自写其所学所问已耳，而辄呼之曰“宋江”，曰“吴用”，而“宋江”“吴用”亦无不应者，以英雄忠义之气，郁郁芊芊，积于笔墨间也。周孔嘉丐余促章侯，孔嘉丐之，余促之，凡四阅月而成。余为作《缘起》曰：“余友章侯，才足掞天，笔能泣鬼。昌谷道上，婢囊呕血之诗；兰渚寺中，僧秘开花之字。兼之力开画苑，遂能目无古人，有索必酬，无求不与。既蠲郭恕先之癖，喜周贯耘老之贫，画《水浒》四十人，为孔嘉八口计。遂使宋江兄弟，复睹汉官威仪。伯益考著《山海》遗经，兽毨鸟氄，皆拾为千古奇文；吴道子画《地狱变相》，青面獠牙，尽化作一团清气。收掌付双荷叶，能月继三石米，致二斗酒，不妨持赠；珍重如柳河东，必日灌蔷薇露，薰玉蕤香，方许解观。非敢阿私，愿公同好。”

这篇短文交代了水浒牌的由来。陈洪绶、张岱有个共同的朋友叫周孔嘉，谋生无计，家有八口需要养活，求助于陈老莲，张岱又在旁催促，陈洪绶于是出手，耗时四个月绘制了一套《水浒》人物画，并请当时最好的徽派雕版师黄君倩将其刻成木版，印制为“叶子”。“叶子”，是当时缙绅富贵人家宴饮时用于行酒令的纸牌，纸牌绘上人物典故，“行令时抽牌按图解意而饮，往往得酒外之趣，以令劝罚”。

因为这个渊源，明天启七年（1627），在江南地区的书画界，出现了这样一套以《水浒传》人物为题材的木版画。“水浒叶子”风格细腻，所画人物简练传神，一面世即广受欢迎，一时洛阳纸贵。三百年后陈章侯画的“叶子”依旧受到《水浒》读者的喜爱，1975 年上海人民出版社出版的《水浒全传》正文之前的配图，就是这全套的“叶子”。

《陶庵梦忆》乃张岱晚年结集，彼时陈洪绶早已逝世，张岱作文之时当有无限感慨，如其《序》中所言：“鸡鸣枕上，夜气方回，因想余生平，繁华靡丽，过眼皆空，五十年来，总成一梦。”

《陶庵梦忆》中有《及时雨》一篇：

> 壬申七月，村村祷雨，日日扮潮神海鬼，争唾之。余里中扮《水浒》，且曰：画《水浒》者，龙眠、松雪，近章侯，总不如施耐庵，但如其面勿黛，如其髭勿鬣，如其兜鍪

匀纸，如其刀杖匀树，如其传匀杜撰，匀弋阳腔，则十得八九矣。于是分头四出，寻黑矮汉，寻梢长大汉，寻头陀，寻胖大和尚，寻茁壮妇人，寻姣长妇人，寻青面，寻歪头，寻赤须，寻美髯，寻黑大汉，寻赤脸长须。大索城中，无则之郭、之村、之山僻、之邻府州县，用重价聘之，得三十六人。梁山泊好汉，个个呵活，臻臻至至，人马称娖而行，观者兜截遮拦，直欲看杀卫玠。

五雪叔归自广陵，多购法锦宫缎，从以台阁者八：雷部六，大士一，龙宫一，华重美都，见者目夺气亦夺。盖自有台阁，有其华无其重，有其美无其都，有其华重美都无其思致，无其文理。轻薄子有言："不替他谦了也，事事精办。"

季祖南华老人喃喃怪问余曰："《水浒》与祷雨有何义味？近余山盗起，迎盗何为耶？”余俯首思之，果诞而无谓，徐应之曰：“有之。天罡尽，以宿太尉殿焉。用大牌六：书‘奉旨招安’者二，书‘风调雨顺’者一，‘盗息民安’者一，更大书‘及时雨’者二，前导之。”观者欢喜赞叹，老人亦匿笑而去。

画《水浒》人物，龙眠（宋代著名画家李公麟）、松雪（元代书画家赵孟頫，号松雪道人）跟章侯（陈老莲）不相上下，但都不如施耐庵。话说到如此份上，可见张岱对于小说《水浒传》的推崇。

《张岱诗文集》卷五有《水浒牌四十八人赞》，应该是看了陈洪绶所画“水浒叶子”所写的赞：

托塔天王晁盖：盗贼草劫，帝王气象。

呼保义宋江：忠义满胸，机械满胸。

行者武松：人顶骨，一百八，天罡地煞。

短命二郎阮小五：仇首既得，玩之不释。

活阎罗阮小七：蓼儿洼，碣石岸，惟鱼鳖是见。

美髯公朱仝：美髯翁，释曹操，走华容。

病尉迟孙立：百战百胜，谥曰鄂。尔其后，身当不错。

双鞭呼延灼：公侯之家，必复其祖。

花和尚鲁智深：和尚斗气，皆其高弟。

青面兽杨志：花石纲，生辰纲，予及汝偕亡。

黑旋风李逵：面如铁，性如火。打东京，只两斧。

一丈青扈三娘：娘子军，锦伞套，著者莫笑。

两头蛇解珍：断竹续竹，飞土逐肉。

霹雳火秦明：于思于思，弃甲复来。

智多星吴用：网虎者，步步松，步步急。诸葛、曹瞒，合而为一。

入云龙公孙胜：松文剑，出雷电。

插翅虎雷横：救吾母，杀一狐，胜杀四虎。

急先锋索超：周公斧，召公钺，谁敢亵越？

九纹龙史进：有高手，愿为牛马走。

小旋风柴进：孟尝好客，其族几赤。

混江龙李俊：有民人，有土地，大伙并不若小结义。

大刀关胜：作者奇异，刻画关帝。

浪子燕青：有其胆智，无其精细。

小李广花荣：广射虎，荣射鸟，其至尔力中乃巧。

双枪将董平：两股明枪，不使暗箭。

神机军师朱武：棋下于局，杀气满腹。

没羽箭张清：唐琦石，忠于宋。满地皆是，人不能用。

赤发鬼刘唐：尔则发赤，见蓝面则杀。

神医安道全：能杀人，能活人。

母大虫顾大嫂：既为虎，复为母，毒如蛊。

金枪手徐宁：一勾一搭，徐宁枪法。

鼓上蚤时迁：其亡其亡，入我室，登我堂，颠倒我衣裳。

浪里白跳张顺：苕溪水涨，逆流而上。

双尾蝎解宝：尔有母遗，是狄梁公姨。

金眼彪施恩：快活林，复霸业，能交人于缧绁。

玉麒麟卢俊义：不敢轻诺，平分水泊。

豹子头林冲：小夺泊，唐之李郭。

矮脚虎王英：王矮虎，性粗卤，借尔娄猪，定吾艾豭。

震天雷凌振：霹雳手，沙飞石走。

混世魔王樊瑞：五雷玄妙，此子可教。

扑天雕李应：一刺客，二游侠，三货殖，至尔身则一。

神行太保戴宗：朝苍梧，暮碧落。

拼命三郎石秀：战战兢兢，谁肯拼命？

母夜叉孙二娘：击晋鄙，如豚羖，惟是屠者，其养可取。

病关索杨雄：天生杨雄，以友为命。妇人之言，慎不可听。

没遮拦穆弘：出吾胯，揭阳一霸。

没面目焦挺：投身水国，倒有面目。

圣手书生萧让：笔豪茂茂，陷水可活，陷文不可脱。

最后还来了句总评："妙合，却似昔人先为代笔。于四十八人但一落笔，便刻画入髓，毛发都动。近代才子为之，未必能此，未必能此。"光看"叶子"，未必有这许多性格呈现，张岱因小说故事欣赏水浒牌子，才有这许多形容概括。

明代文人对《水浒》的推举，无过于李贽，将它与《史记》并列，与举业并列，乃至说“有国者不可以不读”“贤宰相不可以不读”。李贽为武定侯郭勋家新刻《水浒》写了序，为每回做了批点。《水浒》在明代文人中的影响力之大，袁宏道借“里中有好书者”之口，做了一番描述：“人言《水浒传》奇，果奇。予每捡十三经，或二十一史，一展卷，即忽忽欲睡去，未有若《水浒》之明白晓畅，语语家常，使我捧玩不能释手者也。若无卓老揭出一段精神，则作者与读者，千古俱成梦境。”

张岱的前半生，大明帝国风雨飘摇败象已露，生长于富贵之家的张岱，“少为纨绔子弟，极爱繁华，好精舍，好美婢，好娈童，好鲜衣，好美食，好骏马，好华灯，好烟火，好梨园，好鼓吹，好古董，好花鸟，兼以茶淫橘虐，书蠹诗魔”。《水浒传》于他，只是草莽英雄传奇，读来如看精彩好戏，或者玩赏酒筹。甲申国变，张岱年近五十，一生从此折成两半。“年至五十，国破家亡，避迹山居，所存者破床碎几，折鼎病琴，与残书数帙，缺砚一方而已。布衣蔬莨，常至断炊。回首二十年前，真如隔世。”后半生读《水浒传》，除了期盼忠义英雄啸聚山林替天行道，多半是从中体悟世事沧桑社稷兴替。

宋江等人的聚义造反，历史上真有其事，元人杂剧中便有《黑旋风双献功》等水浒剧，当“施耐庵集撰，罗贯中纂修”的《忠义水浒传》面世，宋江等人的故事已经进入了虚构演义。此后经由柳敬亭这样的说书人加工改编重新演绎，与历史真实已经相去十万八千里，而艺术感染力却随之递增。雅士如张岱，诗书歌舞之余偏爱小说，因家国之变人生顿挫而对《水浒》故事倍增感慨，这正预示着文学的一个新门类——小说在此后至今几百年的长盛不衰。

2017 年 5 月

后 记

古人说的“读万卷书，行万里路”，是一种高标准、高品质的生活。对此生命的追求，真正实施者甚少。读书破万卷不容易，远行也是多有不便。时间走到了今天，旅途变得十分通畅，行万里路已经不是问题，读万卷书却仍不是件易事。这需要个人的自觉及社会的推动。而文字是一种释放，也是一种交流。作家的写作同样需要与读者互动。

漓江出版社顺应需要，提出了散文精品城际阅读，编辑系列名家丛书，以迎合扑面而来的旅途与信息相融的高铁时代。

谈起选题时，我们就谈到了“七”这个数字，

它是“赤橙黄绿青蓝紫” 的七，是“哆来咪

的七。让人联想到色彩的无限斑斓与乐曲的美妙化。那么就定为七人吧，每一两年邀约七位活跃于当今文坛的作家，以构建可资阅读、珍藏、研究的厚重文库。

作家们欣然响应，很快传来了书稿，我们根据情况，组成不同年龄、不同性别、不同地域、不同风格的七人展。毋庸置疑，随着时间的推移，这个精品文丛将会显现出它茁壮的生命力。

由于疫情及其他缘由，这一辑稍有拖延，但我们仍然会看到欣喜的收获。

王剑冰

2020 年冬

王剑冰，著名散文家，我社《中国年度散文》《中国年度散文诗》主编，“旅伴文库·散文精品城际阅读”主编。

请记下你与日子的美好相遇

请记下你与日子的美好相遇

请记下你与日子的美好相遇

请记下你与日子的美好相遇

请记下你与日子的美好相遇

请记下你与日子的美好相遇

请记下你与日子的美好相遇

请记下你与日子的美好相遇

请记下你与日子的美好相遇

请记下你与日子的美好相遇

请记下你与日子的美好相遇

请记下你与日子的美好相遇

请记下你与日子的美好相遇

请记下你与日子的美好相遇

请记下你与日子的美好相遇

请记下你与日子的美好相遇